微妙におかしな日本語

ことばの結びつきの正解・不正解

神永 曉

草思社文庫

「ことばの結びつき」の多様性を楽しむ——はじめに

「火蓋《ひぶた》を切る」と「火蓋を切って落とす」
「暗雲《あんうん》が垂れ込める」と「暗雲が立ち込める」
「寸暇《すんか》を惜しんで」と「寸暇を惜しまず」
「相性《あいしょう》がいい」と「相性が合う」
「油断も隙《すき》もない」と「油断も隙もならない」
「眉《まゆ》をひそめる」と「眉をしかめる」
「暇《ひま》にあかす」と「暇にまかす」
「息を呑む」と「息を呑み込む」

これらは、一方が本来の表現で、もう一方は誤用とされることが多い言い方である。けっこう紛らわしいので、いきなりどちらが本来の言い方かと聞かれたら、迷うのではないだろうか。

だが、これらの言い方のどちらが本来のものかすぐにわかったという方も、じつはもう一方も正しい（必ずしも誤用ではない）ものがあると言ったら、きっと驚かれるに違いない。

これらの中には本来の言い方ではないため、使わない方がよい（つまり誤用と考えた方がよい）ものも確かにある。始めの方の四つ（の後者の表現）、「火蓋を切って落とす」「暗雲が立ち込める」「寸暇を惜しまず」「相性が合う」がそうである。

ところが、後ろの四つ（の後者の表現）、「油断も隙もならない」「眉をしかめる」「暇にまかす」「息を呑み込む」は、誤用とは言い切れない根拠が存在するのである。

本書ではこのような語と語が結びついた表現の揺れ（バリエーション）をどのように考えるべきか、どのように使うべきか、実際の使用例をもとにかなり踏み込んで解説した。

こうした揺れと思われる言い方を考える際に、一番簡単なのは本来の言い方でない方を「誤用」だと一言のもとに否定することであろう。そう断定してしまえば、すべてはたちどころに解決してしまいそうである。実際そう言い切っている解説書も多数見受けられる。だが、それらを読むと、私などはそのように断定できるなんてずいぶん勇気があるなとつい思ってしまう。単純にそう言い切れるだけの根拠を持ち合わせていないからである。長年、国語辞典の編集に携わっているにもかかわらず。いや、むしろそうだからこそ、すべて誤用だと決めつけることに、躊躇《ちゅうちょ》すら覚えるのである。

◉『日本国語大辞典』の編集者として

私は出版社の社員として、入社以来ほぼ37年間『日本国語大辞典　第2版（以下、本文も含めて『日国』と表記）』（小学館）という辞典と、それに関連する諸辞典の編集に携わってきた。そして定年で退職した現在も、『日国』の次の改訂に向けての編集作業にかかわり続けている。

『日国』は、50万項目、100万用例の日本最大の国語辞典である。全13巻に及ぶ大辞典であったため、編集者もそれぞれ担当分野を持っていた。その中で私は、引用する用例を原典に戻って確認するという作業をメインに行った。もちろんそれは私一人で行ったわけではなく、60名ほどの国文科の大学院生に手伝ってもらってのことであったが。対象となる文献は3万点以上、古くは聖徳太子の時代の資料から昭和の末年まで、約1400年の長きにわたっている。

そのような作業を担当したためか、門前の小僧ではないが、日本語の変遷を用例を通じて見る目が養われた気がする。そして特にそれから学んだことは、従来の説や慣用を鵜呑《うの》みにすることはとても危険だということであった。

そのような観点から、校閲や校正のプロの方や、私のような辞書編集者が書いた、慣用表現の使い方を解説した本を見てみると、本当にそうなのかと思える部分がけっこうあることに気づかされたのである。それらの本で、誤用だから使ってはいけないと断言しているものも、本当に根拠があって言っているのだろうかという疑問がふつふつと湧いてきた。ひょっとすると、従来そのように言われ続けてきたから、ただそれをなぞっているだけなのではないかと。

そのようなこともあって、日本語の歴史を追った辞典に長年かかわってきた辞書編集者として、日本語の語と語が結びついた慣用表現について考えることも、それなりに意味があるのではないかと思ったというわけである。それが本書執筆の最大の動機である。

本書をお読みくださった方、特に校閲や校正のプロなど日本語を扱う仕事をなさっている方には、従来の考えとは違う点もあるため、納得できない部分もあるかもしれない。私は校閲や校正の仕事の経験はないが、校閲・校正の仕事とは、たとえ著者や編集者がうるさがっても、誤用と言われる言い方を指摘し続けなければならない仕事であるという、そのたいへんさは知っているつもりである。だが、そのような日々ことばと格闘なさっている方をはじめ、日本語に興味があり従来の日本語本とは違う新たな視点の本を求めている方、文章力のアップを目指している方にこそ、本書をお読みいただきたいのである。そして、日本語を使うということがどういうことなのか、一緒に考えていただきたいと思うのである。

本書で取り上げた、ことばとことばのつながりがある程度固定化して使われる表現を言語学では「コロケーション（collocation）」と呼んでいる。このコロケーションを使いこなせるかどうかが、文章力アップのコツであることは確かなのである。よりよい文章、つまり相手にわからせる文章を書くためにはさまざまな技術が必要であるが、文章中でことばとことばの結びつきを誤ると、せっかく論理的ですぐれた文章を書いても台無しになってしまう。そういった意味でもコロケーションの知識は欠かせないのである。ただ残念なことに、日本語のコロケーションの使い方について、具体的に解説をしたものはほとんど存在していないのが現状である。そういったことからも、本書を世に出す意味はあると自負している。

●本書の構成

本書で取り上げたコロケーションは、世にある膨大な数のうちのごくわずかである。だが、それらは多くの方が使い方に悩む（悩みそうな、悩むかもしれない）ものばかりだと思う。解説をほどこすにあたり、これらの項目を便宜的に以下の五つに分類している。

【PART1】ことばの結びつき、正しいのは？［基本編］

揺れに関して話題になることの多い基本的なものを中心に集めた。「論議を呼ぶ／論議を醸《かも》す」「汚名をそそぐ／汚名を晴らす」など、まずは押さえておきたい基本的なコロケーションである。

【PART2】微妙に違う日本語、どっちが正解か？

語句の一部がわずかに違う程度の非常に似通った表現を中心に集めた。「間が持てない／間が持たない」「苦虫《にがむし》を噛《か》み潰《つぶ》したような顔／苦虫を噛んだような顔／苦虫を食い潰したような顔」など、PART1よりもやや上級編と言えるであろう。

【PART3】じつは「どっちも正しい」日本語

「的《まと》を射る／的を得る」「満面《まんめん》の笑《え》み／満面の笑顔」など、一部の辞典や慣用表現の使い方を解説した本の中には、はっきりと誤用とうたっているものであっても、私の判断で必ずしも誤用とは断定できないものを取り上げた。

【PART4】読み方は同じ。正しいのは？

「初心に帰る／初心に返る」「活を入れる／喝を入れる」など、同音語が存在するために表記で揺れの出てしまうものを取り上げた。

【PART5】漢字は同じ。さて、どう読む？

「幕があく／幕がひらく」「有り金をはたく／有り金をたたく」など、漢字で書くと同じだが、その読みに揺れがあるものを集めた。

◉本書の参考資料――コーパス、国会会議録、青空文庫、国語の世論調査、各種辞書

なお、本書執筆に際して、コロケーションの使用実態を調べるために、主に国立国語研究所（以下、本文も含めて国研と表記）のコーパス、国会会議録検索システム、青空文庫を活用した。

コーパス（corpus）とはコンピューターを利用して集積された大規模な言語資料のことである。国研のコーパスは、2011年に公開された1億語からなる「現代日本語書き言葉均衡コーパス」である。その検索は、国研とLago言語研究所が開発したNINJAL-LWPを利用している。また、それとは別に、小学館が辞典編集のために独自に開発している日本語コーパスも活用した。

コーパスを使うといわゆる誤用と呼ばれている表現の使用実態も読み取ることができる。特にコーパスにはそれぞれの資料の書誌情報が付いているので、プロの校正者が目を通すことの多い書籍で、その言い方がどの程度広まっているのかを知るうえでの参考にもなった。もちろん、プロの校正者が見ているのに何で？　ということを言いたかったわけではない。あるいは、その数が多ければもはや誤用とは言えないなどと主張するための根拠にしようと思ったわけでもない。そうした表現をどう判断するのか、考えるきっかけにしたかったのである。

また、コロケーションは、口頭語において従来の言い方とは違うバリエーションが生じやすいのではないかと思い、話しことばの資料としては「国会会議録」を活用した。国会会議録はインターネットで公開されていて、誰もが検索できるようになっている。現在利用可能な会議録は、第1回国会（1947年5月開会）以降のすべての本会議、委員会等である。会議録の号ごとに作成され、順次掲載されている。この国会会議録の検索システムは、辞書編集者にとって、日本語の話しことばのまさに宝庫なのである。

もちろんこのような形で国会会議録を利用しているからといって、政治家のことば遣いを批判しようという意図はまったくないということだけは強調しておきたい。ただ、時として、国を愛するのなら、もう少しこの国の国語である日本語も愛してほしいという思いを抱くこともないわけではないのだが。

「青空文庫」は、インターネットを利用して無料で公開されている電子図書館である。収録されている作品は、主に著作権の切れたものや作者から無償で提供された作品などである。

日本語の世代別、性別の使用実態の参考になると考え、文化庁が1995年（平成7年）から毎年実施している「国語に関する世論調査」も適宜紹介している。この調査は、日本人のことばの使い方や理解の現状について調査しているものである。

この他に、巻末参考文献に挙げた『広辞苑』『大辞泉』『大辞林』などの中型の国語辞典や、各種小型の国語辞典、あるいは時事通信社、共同通信社などの用字用語集、NHKのことばの資料なども適宜参照している。辞典によって、本書で取り上げたような揺れを、許容ととらえるか、誤用と考えるか、立場が違うことがあるため、必要に応じてそれらを紹介し、さらにはそれに対する私の考えも述べるようにした。

もとより私の考えがすべて正しいと思っているわけではない。ただ、本書をきっかけに多くの方が日本語のコロケーションについて考えていただくようになれば、これにまさる喜びはない。

微妙におかしな日本語

ことばの結びつきの正解・不正解

目次

PART 1

ことばの結びつき、正しいのは?［基本編］

PART 2

微妙に違う日本語、どっちが正解か？

PART 3

じつは「どっちも正しい」日本語

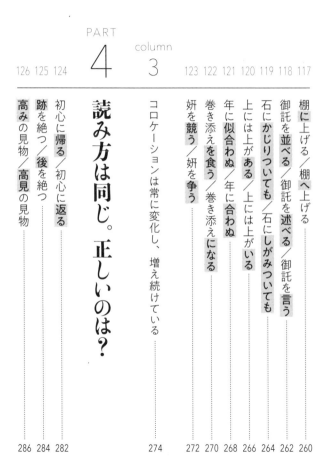

PART 5

漢字は同じ。さて、どう読む？

column
5

PART 1

ことばの結びつき、正しいのは？

［基本編］

1 火蓋を切る
火蓋を切って落とす

火蓋をどうすれば物事が始められる？

物事に着手したり、行動を開始したりするという意味で、「火蓋《ひぶた》を切る」と言う。「14日間にわたる選挙戦の火蓋を切る」などと使う。ところがこれを「火蓋を切って落とす」と言う人がいる。

この「火蓋を切って落とす」をどのように考えるべきなのであろうか。

「火蓋」は、火縄銃の火皿（火薬をつめるところ）の火口を覆うふたのことで、「火蓋を切る」で、火縄銃の火蓋を開いて点火の用意をする、また、発砲するという意味になる。

インターネットで検索すると「切って落とす」の用例はけっこう見つかるし、国研のコーパスにも使用例が存在する。ただし残念なことに国研のコーパスでは、「切る」も「切って落とす」も区別なく表示されるので、用例を逐一《ちくいち》見ていかなければならないのだが。

また、私が普段使っているパソコンのワープロソフトは、「火蓋を切って落とす」と書こうとしたときは普通に変換してくれるのだが、「火蓋を落とす」と入力すると《「火蓋を切る」の誤用》と表示される。「切って落とす」よりも単に「落とす」と書く人の方が多いということなのであろうか。ただし国研のコーパスでは「火蓋を落とす」は見つからない。

いずれにしても「火蓋を切って落とす」は、「幕を切って落とす（事を始める、初めて公開するの意）」との混同から生まれた言い方なのであろうが、本来の言い方ではない。

なお、「火蓋を開く」と言う人もいる。もちろん火縄銃を撃つためには、火縄の火口をおおうふたである火蓋を開かなければならないので、そうした行為に対する表現としては適切である。だが、物事に着手したり行動を開始したりするという意味の場合は、「火蓋を開く」を使うのは避けるべきである。

【結論】「火蓋を切る」が本来の言い方なので、「火蓋を切って落とす」は使わないようにしたい。

2 暗雲が垂れ込める 暗雲が立ち込める

暗雲はどのように辺りを覆うか？

そもそも「垂れ込める」と「立ち込める」とでは意味が違う。前者は、低く垂れ下がり、辺りを覆うという意味だが、後者は、一面に満ち、広がり覆うという意味である。

「暗雲《あんうん》」は、雨を降らしている、あるいは今にも雨を降らしそうな黒い雲のことなので、「垂れ込める」を使う方が妥当であろう。霧、煙、匂いなら「立ち込める」であろうが。

「暗雲が垂れ込める」は、危険、不穏なことが今にも起こりそうであることも意味するが、これも「立ち込める」では違和感がある。「暗雲が漂う」という言い方はあるが。

ただ現在では「垂れ込める」ということば自体、ややなじみが薄くなってきているせいか、「暗雲」でも「立ち込める」を使ってしまうということがあるのかもしれない。

小説家の豊島与志雄《とよしまよしお》は翻訳家としても知られているが、フランスのロマン・ロランの長編小説『ジャン・クリストフ』の序文（1920年）で、「しかしそこにはさらに本質的な暗雲がたちこめていた」と書いているので、けっこう古くから「立ち込める」も使われていたことがわかる。

国研のコーパスでも、「垂れ込める」は5例なのだが、「立ち込める」は12例あって逆転してしまっている。しかも、そのうち書籍例が7例、雑誌例が2例ある。

さらに「立ち込める」で検索してみると、主な前接語は多い順に「匂い、霧、煙」なのだが、「暗雲」は4番目に位置している。他には「雰囲気、湯気、空気、硝煙《しょうえん》、気配」などがある。「暗雲」以外は辺り一面に広がるものばかりである。やはり「暗雲」は「垂れ込める」ものだと考えるべきであろう。

【結論】「暗雲が垂れ込める」が本来の言い方であり、意味的にも「暗雲が垂れ込める」が正しい。

3 間髪をいれず 間髪をおかず 間髪を移さず

「間髪を〜」は語形も読みも揺れの多い語

少しも時間をおかないさまを「間髪《かんはつ》をいれず」と言う。ところがこの慣用句には、揺れの問題がいくつかある。

まず、「間髪をいれず」ではなく「間髪をおかず」と言う人がいるという問題。「おく（おかず）」と言ってしまうのは「間」を時や時間のことだと解釈して、「時間をおかず」と混同したのかもしれない。国研のコーパスでは「間髪をおかず」が書籍例で3例ある。いずれも小説のものなのだが、著者が「おかず」でいきたいとこだわったのであろうか。

だが、この慣用句には出典がある。中国漢代の説話集『説苑《ぜいえん》』の「間《かん》に髪《はつ》を容《い》れず」からで、あいだに髪の毛1本も入れる余地もないという意味である。したがって、「間髪をいれず」が本来の言い方である。

また、この原典からもわかるように、現在では「間髪をいれず」と言うことが多いのだが古くは「間に髪をいれず」と言われていた。

また、「いれず」は現在では「入れず」と書くこともあるが、「容れず」がもともとの表記である。したがって国語辞典でも「容れず」という表記で示しているものが多い。もちろん「入れず」と書いても誤りではなく、国研のコーパスでも「入れず」の方が優勢である。だが、伝統的な表記にこだわるのであれば、「容れず」とするべきであろう。

また、あまり使用例は多くないが、「間髪を移さず」と言う人がいる。これもおそらく「時を移さず」と混同しているのであろうが、本来の言い方ではない。さらに、国研のコーパスには「間髪をあけず」という使用例が1例ある。これなどは「間《あいだ》をあけず」でよかったのではないかという気がする。

もう一つの揺れは、「間髪」を「かんぱつ」と読む人が多いということである。漢字2字が並んでいるために、2字の熟語のように思えるかもしれないが、「かん、はつ」と読むのが正しい。

「かんぱつ」の例は口頭語の方が多いであろうが、実際に書かれた例がないわけではない。『日国』では補注で、漫談家で随筆家でもあった徳川夢声《とくがわむせい》『夢声半代記』(1929年)の、

「すると間髪《かんぱつ》を入れず隣室で、ハアアアイと云《い》ふ優しい声がして」

という例を紹介している。

このように誤解しているのは夢声だけではなさそうである。国研のコーパスも、検

索語は「かんぱつ」になっている。国研が「かんぱつ」を認めているわけではないと信じたい。

【結論】「間髪をいれず」は揺れの多い語で、「間髪をおかず」「間髪を移さず」などという形で使われたり、「間髪」を「かんぱつ」と読む人がいたりするが、「間髪をいれず」が本来の形で「かん、はつをいれず」と読むのが正しい。

4

物議を醸す
物議を醸し出す
物議を呼ぶ
物議を起こす

物議は「醸す」のか「醸し出す」のか、はたまた…?

「物議」とは世の人々の議論ということだが、「物議を醸《かも》す」の形で、世間の議論を引き起こすという意味で使われる。たとえば、「大臣の発言が物議を醸した」などと言う。

ところがこれが、「物議を醸し出す」「物議を呼ぶ」「物議を起こす」という使い方をされることがある。これをどう考えるべきであろうか。

文化庁が行った2011年（平成23年）度の「国語に関する世論調査」では、「物議を醸す」を使う人が58・0%、「物議を呼ぶ」を使う人が21・7%という結果が出ている。残念ながら「物議を醸し出す」「物議を起こす」の調査はないのだが、インターネットで検索するとけっこう引っかかるので、この言い方も着実に増えているものと思われる。

「醸す」は、麹《こうじ》を発酵させて、酒・醬油などをつくる、すなわち醸造するという意味で、そこから転じて、「物議を醸す」のような、ある状態・雰囲気などを生み出すという意味になったのである。

「醸し出す」は、ある気分や感じなどをそれとなく作り出すという意味である。意味としては「醸す」にかなり近い。国研のコーパスで「…を醸し出す」を検索してみると、「雰囲気」とともに使われることが多い（約40%）。ちなみに「物議を醸し出す」はコーパスでは、3、4%あり、多くはないが、使われることもあるということがわかる。

「物議を呼ぶ」はおそらく「論議を呼ぶ」との混同であろう。ただしけっこう古くから使われており、大仏次郎《おさらぎじろう》の

「この事件は王党の中でも保守的な人たちには軽率な事と物議を呼んだのであるが」（『ブウランジェ将軍の悲劇』1935～36年）

という使用例がある。

また、「物議を起こす」は、『日国』では正岡子規《まさおかしき》の

「いかがはしき店の記事にてありしため俄《にわ》かに世間の物議を起《おこ》し」（『病牀六尺《びょうしょうろくしゃく》』1902年）

という例を引用している。

「物議を起こす」は、正岡子規以外の用例もけっこう見つかっている。「物議が起こる」という言い方もあって、これは『日国』にも「異論や紛争・もめごとが生じる」

という意味で、子見出しとして立項されているのだが、それから生まれた言い方なのかもしれない。

いずれにしてもこれらを見ると、「物議」は「醸す」とだけ結びついているわけではないことがわかる。「物議を醸し出す」「物議を呼ぶ」「物議を起こす」を誤用だと否定する根拠はないのかもしれない。

【結論】「物議を醸す」が本来の言い方とされるが、といって「物議を醸し出す」「物議を呼ぶ」「物議を起こす」を誤用だと言い切る根拠はどこにもない。

5 論議を呼ぶ 論議を醸す

論議は「呼ぶ」のか「醸す」のか？

互いに意見を述べて理非を論じ合うようになることを「論議を呼ぶ」と言う。「違憲かどうか論議を呼ぶ」などと使う。

「論議」は、意見を述べ理非を論じ合う意味で「論議を呼ぶ」、あるいは、じゅうぶんに論じ合う意味で「論議を尽くす」などという形で使われることが多い。

これを「論議を醸《かも》す」と言ってしまうのは、おそらく「物議を醸す」との混同からであろう。「物議」は世の人々の議論という意味なので、「論議」と「物議」はかなり意味が近いと言えるかもしれない。

だが、慣用句・慣用表現としては、それぞれ「論議＋呼ぶ」「物議＋醸す」が本来の言い方なのである。

「論議を醸す」の例は、国研のコーパスでは見つけられないのだが、ジャパンナレッジという辞書の検索サイトで、全文検索を行うと、『日本大百科全書（ニッポニカ）』での使用例が2例見つかる。この百科事典は署名原稿で、筆者も分野も異なるので、そのように書いてしまう人が確実にいるということだけはわかる。

また、国会会議録では「論議を醸す」は、１９４７年以降で96件ある。これはけっこうな数と言えるだろう。しかもこのうち「論議を醸し出す」と言っているものが14件ある。「論議を醸す／醸し出す」は、口頭語の方ではかなり広まっているのかもしれない。

だが、いずれも避けるべき表現である。

なお、国研のコーパスには「議論を醸す」という書籍例が1例だがある。ところがこの「議論を醸す」は、国会会議録だと42件もある。しかもその中には「議論を醸し出す」が17件も含まれる。さらにこれとは別に「議論を醸成する」という使用例が7件ある。

国会議員は「醸す」という語が好きらしいのだが、「醸す」「醸し出す」「醸成する」は、ある気分や雰囲気などを徐々に作り出すという意味なので、「議論」のような具体的な行為のあるものとは結びつきにくい。

「議論」はやはり、「巻き起こす」や「呼ぶ」などと結びつけて使う語であろう。

【結論】「論議を呼ぶ」が本来の言い方で、これを「論議を醸す」と言うのは「物議を醸す」との混同であろう。慣用句・慣用表現としては「論議＋呼ぶ」「物議＋醸す」だということをしっかりと覚えておくべきであろう。

6

食指が動く
食指をそそる
食指を伸ばす

欲望や興味を覚えたとき、「人さし指」はどうなる?

「食指《しょくし》が動く」という言い方がある。「好条件に思わず食指が動く」などと使う。「食指」とは人さし指のことで、「食指が動く」は、本来は食欲が起こるという意味であったが、やがてこれが転じて、ある物事に対し欲望や興味が生じるという意味になったのである。元来は、中国春秋時代の鄭《てい》の子公《しこう》（公子宋《こうしそう》）が自分の人さし指が動くのを見て、これはごちそうにありつける前兆だと言ったという故事による。

ところがこれを「食指をそそる（そそられる）」「食指を伸ばす」と言う人がいる。

文化庁が行った２０１１年（平成23年）度の「国語に関する世論調査」でも、「食指が動く」を使う人が38・１％、「食指をそそられる」を使う人が31・４％という拮《きっ》抗《こう》した結果が出ている。しかも、16～19歳と50代では「食指をそそられる」を使う人の割合の方が多いという逆転した結果が報告されているのである。

だが不思議なことに、文化庁の調査では「食指をそそられる」はかなりな割合を占めているのだが、国研のコーパスでは「食指をそそる」は見当たらないのである。「食指をそそる」は会話などで話しことばとして使われることが多いということなのであろうか。

もう一つの「食指を伸ばす」はコーパスに4例あり、いずれも書籍の例である。これは文化庁の調査にはないが、国会会議録でも多数見られる。

「食指をそそる」は「食欲をそそる」との、「食指を伸ばす」は野心をもって徐々に働きかけるという意味の「触手を伸ばす」との混同から生まれた言い方であろう。

なおややこしいことに、この「触手を伸ばす」を、「食指を動かす」との混同と思われる「触手を動かす」と言う人がいる。「触手」とは、無脊椎《むせきつい》動物の口の周囲にある、触覚や捕食の働きをする小突起のこと。これから、他に働きかける手といった意味となり、働きかけるにはそれを伸ばすことから「触手を伸ばす」という言い方が生まれたのであろう。確かに「触手」と「食指」とは、音もよく似ている。

国研のコーパスを見ると、「触手を動かす」の書籍の使用例が1例あり、国会会議録にも使用例がある。だが、もちろん「触手を動かす」は本来の言い方ではない。

「食指が動く」は故事から生まれた言い方なので、それとは違う形の「食指をそそる」「食指を伸ばす」には抵抗がある、という人も多くいることであろう。やはり使用は避けるべきである。

【結論】「食指をそそる」「食指を伸ばす」を使う人がいるが、誤用とされる言い方なので、本来の言い方の「食指が動く」を使うべきである。

7 心血を注ぐ　心血を傾ける

「ありったけの精力」を注ぐのか、傾けるのか？

心身の力のありったけを尽くして何かを行うことを「心血《しんけつ》を注《そそ》ぐ」と言う。「心血を注いだ作品が遂に完成する」などと使う。ところがこれを「心血を傾ける」と言う人がいる。

文化庁が2007年（平成19年）度に行った「国語に関する世論調査」では、「心血を注ぐ」を使う人が64・6％、「心血を傾ける」を使う人が13・3％と、「心血を傾ける」と言う人は多くはないが存在することがわかる。しかもこの調査では「心血を傾ける」と言う人は50代と60歳以上になると他の世代よりも多くなる。

「注ぐ」「傾ける」ともに、力や注意などをいちずにその方へ向ける、物事に集中する（させる）という語義を持つため、両語は類義語である。確かに似たような言い方で「心を注ぐ」「心を傾ける」という言い方もする。意味も心を集中させるということで、かなり「心血を注ぐ」に近い。だが、慣用句としては、理由は不明だが「心血を注ぐ」が使われてきた。

「心血を傾ける」と言ってしまうのは、おそらく「心を傾ける」や「精魂《せいこん》（精根）を傾ける」といった表現との混同によって生じたものであろう。50代以上になると「心血を傾ける」が増えてくるのは、ことばをあいまいに覚えていたために、それと混同する人が多くなるせいなのかもしれない。

国研のコーパスには本来の言い方である「心血を注ぐ」の使用例しかない。

ところが、哲学者三《み》木《き》清《きよし》の『語られざる哲学』（1919年）に、

「書籍の中でも偉大なる人々が心血を傾け尽して書いたものを顧みることは、旧思想との妥協者として譏《そし》られる恐れがあったので」

という例があることから、「心血を傾ける」は最近生まれた言い方ではないことがわかる。国会会議録でも「心血を傾ける」の使用例は、いずれも昭和のもので2件ある。

なお、国研のコーパスには「心血を注ぎ込む」という例が書籍で1例ある。「注ぎ込む」も「注ぐ」の同義語ではあるが、やはり「心血を注ぐ」とした方がよい。

「心血を傾ける」は比較的古い使用例もあるが、だからといってこれを使ってもよいということにはならないであろう。やはり「心血を注ぐ」と言うべきである。

【結論】「心血を注ぐ」が本来の言い方である。他の表現と混同して、つい「心血を傾ける」と言ってしまう人もいるようなので気をつけたい。

8 念頭におく　念頭に入れる

そもそも「念頭」とは何か?

覚えていて心にかけたり、いつも考えていたりすることを「念頭におく」と言う。「先生の忠告を念頭において行動するようにする」などと使う。ところがこれを「念頭に入れる」と言う人がいる。

「念頭」は、心、心の中、思いという意味である。「念頭に入れる」はおそらく、「頭」という字に影響されて、「頭に入れる」との混同から生じた言い方なのであろう。『大辞泉』は、「『考えに入れる』などとの混同で、『念頭に入れる』とするのは誤り」としている。

また、これを「念頭にする」と言う人もいる。「〜にする」はさまざまな名詞と結びつきやすいので「念頭」とも結びつくと考えたのであろうか。もちろんこれも適切な言い方ではない。

国研のコーパスでは「念頭に入れる」は35例、「念頭にする」も10例あり、どちらもかなり広まっていることがわかる。コーパスの例はともに書籍例も多数あり、校正でも見落としやすい言い方なのかもしれない。

この語の使い方を間違わないようにするには、「念頭」の「頭」は、実際の頭部のことではなく、〜の辺りといった意味なので、「念」すなわち思い、気持ちのあると考えられる辺り、という語義だと認識していれば、「入れる」や「する」ではおかしいと思えるのではないだろうか。

なお、『日国』には、「念頭に掛《か》ける」という形もあるとして、小杉天外《こすぎてんがい》の小説『魔風恋風《まかぜこいかぜ》』（1903年）の例を引用している。これは北村透谷《きたむらとうこく》も『厭世詩家《えんせいしか》と女性』（1892年）で使っているので、用例数は多くないが、こういう言い方もあったものと思われる。

【結論】「念頭におく」が本来の言い方で、「念頭に入れる」「念頭にする」は不適切な言い方である。

9 嫌気がさす 嫌気がする

嫌だと思う気持ちは「さす」のか「する」のか?

嫌だと思う気持ちになることを「嫌気《いやけ》がさす」と言う。「仕事に嫌気がさす」などと使う。ところがこれを「嫌気がする」と言う人がいる。

「嫌気」は、嫌だと思う気持ちや、気が進まないことという意味である。「さす」は漢字で書くと「差す」が適当であろうが、ある種の気持ちなどが知らないうちに生じるといった意味である。「魔がさす」「眠気がさす」などの「さす」と同じである。

　これを「嫌気がする」と言ってしまうのは、語の意味としては「する」でもありえそうなので、その勘違いから生まれた言い方なのかもしれない。この「嫌気がする」は、自然主義作家岩野《いわの》泡鳴《ほうめい》の小説『耽溺《たんでき》』（１９０９年）に、「吉弥が電灯の球に『やまと』のあき袋をかぶせ、はしご段の方に耳をそば立てた時の様子を見て、もろい奴、見転《みずてん》の骨頂だという嫌気がしたが」という使用例がある。ただ、それ以外では、「嫌気がする」の使用例はインターネットで見られる程度で、国研のコーパスや国会会議録には１例もない。だとすると、あまり広まってはいないのかもしれない。

【結論】「嫌気がさす」が本来の言い方なので、あまり広まってはいないようだが、「嫌気がする」とは言わないように気をつけたい。

10 アンケートをする アンケートをとる

アンケートを「とる」が広まってきている

アンケートはフランス語enquêteからで、元の意味は調査、問い合わせということである。日本語の「調査」の場合は、「調査をする（行う・実施する）」という言い方が普通であろう。だとすると、「アンケート」も「アンケートをする（行う・実施する）」と言う方が自然だということになる。だが実際には「アンケートをとる」という言い方はかなり広まっている。

「アンケートをとる」という言い方が生まれたのは、「とる」が数量をはかる、調べるという意味で使われている「統計をとる」などに引かれた可能性が高い。話しことばとしてはあまり違和感なく使われているが、やはり公的な文章など改まったケースでは使わない方が無難であろう。

また、アンケートの原義は「調査」なので、「アンケート調査」は重複表現だと考える人もいる。NHKでは放送での使用は認めつつも、重複表現だと思う人に配慮してであろう、使用には注意するようにとしている。

【結論】「アンケートをとる」はかなり広まっているが、改まった文章などでは、「アンケートをする（行う・実施する）」を使った方が無難であろう。

11 押し出しがいい／押し出しが強い

貫禄がある人のことをどう言う？

「押し出し」は、人の目に映るその人の姿や態度のことで、それが人からいい印象を受ける場合「押し出しがいい」と言う。「押し出しがいいということだけで会長に選ばれた」などのように使う。ところがこれを「押しが強い」と混同して、「押し出しが強い」と言う人がいる。国研のコーパスには見当たらないが、書籍例でもいくつかある。また、「強い」のだから「弱い」もあるだろうと考えたらしく、「押し出しが弱い」の使用例も1例ではあるが、文学作品のものを私は見つけている。「押し出し」は、風采《ふうさい》や貫禄のことなので、やはり「いい（よい）」と言う方が自然で、「強い」「弱い」は不自然であろう。

ただ、最近はさらに「押し出し感の強い車」「押し出しの強い音」「押し出しの強い看板」など、従来の風采、風格、貫禄とは違った、デザインや単なる見た目、印象という意味で使われている例もかなり見られる。もちろん、本来的な言い方から見れば誤用と言うべき使い方であるが、「押し出し」がこのような新しい意味としてとらえられ始めているとすると、その意味では「強い」「弱い」としても間違いだとは言えない気がする。

なお、「押し出しがいい」のだから「押し出しが悪い」もあるのではないかと考える人もいるようで、国研のコーパスにも書籍の使用例が1例ある。辞典では『大辞泉』が、普通は「押し出しが悪い」の形では使わないとしているが、確かに一般的ではないが、これを誤りと断定するのは議論の分かれるところであろう。

【結論】「押し出しがいい」が本来の言い方なので、「押し出しが強い」とは言わないように気をつけたい。

12 相性がいい 相性が合う

相性は「いい」のか「合う」のか？

人と人との関係で、相互の性格が合うことを「相性《あいしょう》がいい」と言う。「新しい上司とは相性がいい」などと使う。ところがこれを「相性が合う」と言う人がいる。

「相性」は『日国』によれば、「本来は、陰陽五行説で、人の生まれ年を五行にあて、木と火、火と土、土と金、金と水、水と木は、その性が合うとして、男女の縁組を定めたことから出たもの」だという。そしてこれから、互いの性格だけでなく、それ以外の関係や、人ともの、ものとものとの調子などの合い方が、しっくりいくかどうかという意味で使われるようになった。

つまり、「相性」にはお互いの性格が合うという意味もあり（かつては「合性」という表記もあった）、「相性が合う」では重複表現になってしまうと考えられるのである。もちろん、「相性がいい」と「相性が合う」では後接の語が形容詞か動詞かという違いもあるのだが。

ただ、「相性が合う（合わない）」は、泉鏡花《いずみきょうか》の小説『式部小路《しきぶこうじ》』（１９０６年）に、

「考へて御覧なさい、第一その新造《しんぞ》なんざ、名からして相性があはねえんです、お福なんて」

という使用例がある。

また、中里介山《なかざとかいざん》の『大菩薩峠《だいぼさつとうげ》』（1913〜41年）には、

「小吉の奴も相当のイカモノのくせに、こいつをこなせなかったというのはないもんだ、だが相性が違ったんだろう」（山科の巻）

という「相性が違う」という形が出てくる。「合わない」のバリエーションと思われるが、介山独自の使い方なのであろう。

国研のコーパスでは「いい（良い）」の例が多いのだが、「合う（あう）」も35例ある。国会会議録でも「いい」27件、「合う」10件である。これらを見ると「相性が合う」はかなり広まっていることがわかる。だが、やはり「相性」は「相性がいい（悪い）」と言うべきであろう。

【結論】「相性がいい」あるいは「相性が悪い」が本来の言い方である。

13 相槌を打つ 相槌を入れる

「相槌」とはお互いに「槌」をどうすること?

会話や問いかけに答えたり、相手の話に巧みに調子を合わせたりすることを、「相《あい》槌《づち》を打つ」と言う。「人の話にいちいち相槌を打つ」などと使う。ところがこれを「相槌を入れる」と言う人がいる。

「相槌」は、刀鍛冶《かたなかじ》などで、師が打つ間に弟子も槌《つち》を入れることで、互いに槌を打ち合わすことをいい、それから「相槌を打つ」で他人の話に調子を合わせてうなずいたり、短いことばを差しはさんだりするという意味になったものである。

なぜそれが「相槌を入れる」になってしまったのかというと、「合いの手を入れる」と混同したからだと考えられている。「合いの手」とは、もともとは邦楽で歌と歌との間に楽器だけで演奏する部分のことであるが、これが歌や音曲の間にはさむ手拍子や掛け声のことをいうようになり、さらには「合いの手を入れる」で相手の話などに合わせ、ちょっとしたことばやしぐさを差しはさむという意味になったのである。

【結論】「相槌を打つ」が本来の言い方で、「相槌を入れる」は、「相槌を打つ」と「合いの手を入れる」との混同から生まれた誤用とされる言い方なので、使わないように気をつけたい。

14 照準を合わせる 照準を当てる

「ねらいを定める」を意味する表現は？

ねらいを定めることを「照準《しょうじゅん》を合わせる」と言う。「夏の大会に照準を合わせる」などと使う。「照準」とは、射撃で弾丸が目標に命中するようにねらいを定めることをいうのだが、それから転じた用法である。ところがこれを「照準を当てる」と言う人がいる。

国研のコーパスを見ても「照準を当てる」の例が4例見つかる。しかもそれらは新しいものではあるが、いずれも書籍の例である。たとえば以下のような例である。

「秋の自民党総裁選に照準を当てて、政権戦略を練ってきた梶山たちのシナリオに狂いが生じてしまったのである」（田崎史郎『梶山静六　死に顔に笑みをたたえて』2004年）

国会会議録を見ても平成以降だけでも37件見つかる。範囲を昭和まで広げてみると、国会では1966年（昭和41年）以降に「照準を当てる」が使われ始めたことがわかる。そのときに何があったのかはわからないが、そこで使われた言い方が伝染したということなのであろうか。

「照準」の大まかな語義は「ねらい」ということであるから、そのための行為を「合わせる」と表現するのは自然であろう。だが、これを「当てる」と言うのは不自然に感じられる。

「ねらい」もまた、慣用表現として自然なのは「ねらいをつける」「ねらいを定める」で、これを「ねらいを当てる」と言うとやはり不自然であろう。

【結論】「照準を合わせる」が本来の言い方で、「照準を当てる」は使用を避けるべきである。

15 先鞭を着ける 先鞭を切る

「他に先んじて着手する」を意味する表現は？

ある物事に、他に先んじて着手することを「先鞭《せんべん》を着《つ》ける」と言う。「新薬の開発に先鞭を着ける」などと使う。ところがこれを「先鞭を切る」と言う人がいる。

「先鞭を着ける」は中国晋《しん》朝の正史『晋書《しんじょ》』の中にある、「常に恐る祖生《そせい》の吾《わ》れに先んじて鞭《むち》を著《つ》くるを」から生まれた語である。「祖生」とは東晋《とうしん》の武将・祖逖《そてき》のことである。出典のある句なので、「先鞭を着ける」が本来（に近い）の形である。

「先鞭を切る」は「先頭を切る」や「先陣を切る」などとの混同から生まれたのかもしれないが、もちろん本来の形ではない。国研のコーパスを見ると、ほとんどは「先鞭を着ける」だが、「先鞭を切る」の使用例が2例、しかもいずれも書籍のものが見つかる。国会会議録でも、「先鞭を切る」が平成以降だけでも35件ある。

蛇足だが、たとえば共同通信社の『記者ハンドブック』では、「『せんべんをつける』 ○先鞭をつける ×先弁をつける」とし、「鞭」の字が「新聞使用字」でないために「先駆ける／先手を取る／先んじる」に書き換えるか、「先鞭《せんべん》をつける」と「読み」を添えよとしている。

【結論】「先鞭を着ける」は出典のある語なので、他の言い方はしないように気をつけたい。

16 教鞭をとる 教鞭を振るう

教師は教えるための道具「教鞭」をどう使うか?

教師になって教えることを「教鞭《きょうべん》をとる」と言う。「大学卒業後中学校で教鞭をとる」などと使う。ところがこれを「教鞭を振るう」と言う人がいる。

「教鞭」の「鞭」はむちのことで、教師が授業で教えるために使うむちを「教鞭」と言う。今では授業を行うのに、むちを手にしている教師はまずいないであろうが、このむちを手に持つ、手に取るという意味から、「教鞭をとる」で、教師となって学生や生徒に教えるという意味になったと考えられている。

「教鞭を振るう」はおそらく、「むち（鞭）を振るう」からの類推で、そのように言うようになったものであろう。あるいは、むちは教師が授業のときに教授事項を指示するのに用いることもあるので、その動作から生まれた語であったのかもしれない。

「教鞭を振るう」の使用例は、国研のコーパスでは見つけられないのだが、国会会議録では平成になってから2件ある。また、インターネットで検索すると使用例が見つかるので、口頭語やそれに近い場面では「教鞭を振るう」を使う人がけっこういるのかもしれない。だが、言うまでもなく「教鞭をとる」が本来の言い方なので、「教鞭を振るう」は使わないように気をつけたい。

なお、新聞では「教鞭をとる」も使わないようにしているらしい。たとえば、時事通信社の『最新用字用語ブック』の「教鞭を執《と》る」の項では、「教える」「教壇に立つ」「教師になる」「教職に就く」などを使うようにとしている。さらに［注］で、「鞭」が体罰を連想させるため、言い換えるという説明がある。

「鞭」という漢字が「新聞使用字」ではないことから使えないため、「べん」を平仮名にして「教べん」と書くと意味がよくわからなくなってしまうので別のことばに言い換える、ということならわからないでもない。ところが、「鞭」が体罰を連想させるから「教鞭をとる」は使わないというのである。これは、やはり「教える」「教壇に立つ」に言い換えるようにとしている共同通信社の『記者ハンドブック』には見当たらない独自の記述で、実に不思議な理由だ。確かに「鞭」は「むち」でこれで人を打つこともあっただろう。だが、「教鞭をとる」は慣用句なので、そこまで神経質になる必要はない気がするのは私だけであろうか。

【結論】口頭語として「教鞭を振るう」が広まりつつあるようだが、「教鞭をとる」が本来の言い方である。

17

口火を切る 口火を付ける 口火を開く

「口火」をどうすれば、物事が起こり出すか？

「口火《くちび》」とは、爆薬を爆発させるためのもととなる火や、ガス器具などを点火させるための火のことである。「口火を切る」の形で、物事をし始める、きっかけを作るという意味や、話を始めるという意味で使われることが多い。ところがこれを「口火を付ける」と言う人がいる。『大辞泉』『明鏡国語辞典』などでは誤用だとしている言い方なのだが。『大辞泉』ではさらに「口火を開く」も誤用だとしている。

「口火を付ける」はけっこう古くから用例が見られ、たとえば『日国』には国木田独歩《くにきだどっぽ》の『初恋』（1900年）という小説の例を引用している。少し前半を補うと、以下のような文章である。

「この老先生が兼《かね》て孟子を攻撃して四書の中でも之《こ》れだけは決して我家に入れないと高言《こうげん》して居ることを僕は知って居たゆえ、意地悪く此処《ここ》へ論難の口火をつけたのである」

用例主義の『日国』は、この独歩例から「口火を付ける」も認めていて、見出し語の形も「口火を＝切る［＝つける］」としているのである。国語辞典でも意見が割れてしまったわけだ。

「口火を付ける」の使用例は国研のコーパスでは、実際に口火に点火するという例しか見つからない。だが、青空文庫を検索すると、実際に口火に点火するという例もあるが、作家の宮本百合子《みやもとゆりこ》の『世界は求めている、平和を！』(1951年)というエッセイの例や、推理作家の浜尾四郎《はまおしろう》の小説『殺人鬼』(1931年)の例などが見つかる。

また、「口火を開く」も吉川英治《よしかわえいじ》の『三国志』(1939〜43年)の使用例がある。「魏《ぎ》の翟元《てきげん》は、荊州《けいしゅう》の廖化《りょうか》へ挑んで、この戦《いくさ》の口火をひらいた」という例だ。戦を始めることを「戦端を開く」と言うが、それとの混同があるのかもしれない。「口火を付ける」は点火をするための火を付けるということからの類推で生まれた言い方なのであろう。また、「口火を開く」は「開く」には物事を始めるという意味があるので、その類推から生まれた言い方なのかもしれない。

『日国』は用例に引かれて「口火を付ける」も見出しにしてしまったが、用例があるからすぐに「口火を付ける」「口火を開く」を使ってもよいということにはならないと思う。そういった意味では、『日国』での扱いは、判断を早まった気がしないでもない。自分がかかわった辞典ではあるが、補注にした方が適切だったのではないかと考えられるのである。

【結論】「口火を切る」が本来の言い方で、「口火を付ける」「口火を開く」の例も存在するが、やはり「口火を切る」を使うべきであろう。

18 伏線を敷く 伏線を張る 伏線を引く

伏線は「敷く」ものか「張る」ものか「引く」ものか？

「伏線《ふくせん》」とは、『日国』によれば、「文章技法の一つ。小説、戯曲などで、のちに述べる事柄の準備のために、それに関連した事柄を前の方でほのめかしておくこと」である。物語創作上「伏線」を意識的に取り入れた作家に、日本では曲亭馬琴《きょくていばきん》（１７６７～１８４８）がいる。また一般に、「後の事に備えて、あらかじめ設けておくこと」もいう。このような設定をしておくことを「伏線を敷く」と言ったり、「伏線を張る」と言ったりする。「敷く」と「張る」は単独では意味が違うが、「伏線」と結びついたときはほぼ同じ意味で使われる。「うまくいかなかったときのために伏線を敷いておく」「主人公と出会う人物の生い立ちに伏線を張る」などのように使う。

ところがこれを「伏線を引く」と言う人がいる。国研のコーパスにはその使用例はないのだが、国会会議録では１９４７年以降で10件ある。もちろんこれは本来の言い方ではない。

「伏線を引く」と言ってしまう理由としては、「伏線」は文字通りの「線（細い筋）」の意味は持たないにもかかわらず、「線」の文字に影響されて、「線を引く」から「伏線を引く」と言ってしまうということが考えられる。また、「伏線を敷く」から、「布団を敷く／布団を引く」などと同様に、「し／ひ」が交代してしまったという可能性もあるのかもしれない。いずれにしても「伏線」は「敷く」「張る」と結びつけて使われることが多いので、注意が必要である。

【結論】「伏線を敷く（張る）」が本来の言い方なので、「伏線を引く」とは言わないように気をつけたい。

19 予防線を張る 予防線を引く

予防線は「張る」ものか「引く」ものか？

後で非難されたり失敗したりしないように、前もって手段を講じておくことを「予防線を張る」と言う。「後で追及されないように予防線を張る」などと使う。ところがこれを「予防線を引く」と言う人がいる。

「予防線」は、敵の攻撃を防ぐために、あらかじめ手配しておく警戒や監視などの手段のことである。夏目《なつめ》漱石《そうせき》の『吾輩は猫である』（1905〜06年）にも「今度は迷亭《めいてい》が予防線を張った」とあるように、「予防線を張る」の形で使われてきた。したがって『大辞泉』『明鏡国語辞典』も指摘しているように、「予防線を引く」という言い方では使われなかったのである。

「予防線を引く」と言ってしまうのは、「予防線」は、文字通りの「線（細い筋）」の意味は持たないにもかかわらず、「線」の文字に影響されて、「線を引く」から「予防線を引く」と言ってしまうということが考えられる。「予防線を引く」はまだそれほど広まっていないようだが、「線」に惑わされないように気をつけたい。

【結論】「予防線を張る」が本来の言い方なので、「予防線を引く」とは言わないように気をつけたい。

20
怒り心頭に発する
怒り心頭に達する

怒りは「発する」ものか「達する」ものか?

激しく怒ることを、「怒り心頭《しんとう》に発《はっ》する」と言う。ところがこれを、「怒り心頭に達する」だと思っている人がけっこういるらしい。文化庁が発表した2012年(平成24年)度の「国語に関する世論調査」によれば、「怒り心頭に発する」と答えた人が23・6%、「達する」は67・1%と、逆転した結果が出てしまった。しかもこの調査では、「達する」だと思っている人の方が全世代にわたって数が多いことも判明した。

「発する」と「達する」、確かに音は似ていなくもない。だが、なぜこれほどまでに間違って覚えている人が多いのであろうか。「達する」だと思っている人は、怒りが「心頭」というところまで行きつくと頂点に達すると思っているのであろうか。

あるいは「心頭に」の「に」という助詞がくせ者で、この「に」は動作や作用の行われる場所を表す「に」で、「心頭において」という意味なのだが、それを誤解しているのかもしれない。「心頭」とは、心、心の中という意味である。つまり、怒りは心頭に行きつくわけではなく、心頭において生じるという意味の表現なのである。

【結論】「怒り心頭に発する」が本来の言い方なので、これを「怒り心頭に達する」とは言わないようにしたい。

21 まなじりを決する まなじりを吊り上げる

「怒って目を大きく見開く」という意味の表現は？

怒りなどで大きく目を見開くことを「まなじりを決《けっ》する」と言う。「まなじりを決して襲いかかる」などと使う。ところがこれを「まなじりを吊《つ》り上げる」と言う人がいる。「まなじり」は、目《ま》の後《しり》の意味で、目じりのことである。「決する」は、大きく見開くという意味で、目じりまで見開くというわけである。一方、「吊り上げる」は、片方の端を上げる、引きつらせるという意なので、目を見開くという意味にはならない。ただし怒っているという意味では、「目を吊り上げる」「眉を吊り上げる」「まなじりを吊り上げる」という表現は可能である。

実際、二葉《ふたば》亭《てい》四《し》迷《めい》の『浮雲《うきぐも》』（１８８７～89年）には、「何時《いつ》しか額に芋蠋《いもむし》ほどの青筋を張らせ、肝癪《かんしゃく》の眥《まなじり》を釣上げて唇をひん曲げてゐる」という例がある。つまり、「まなじりを決する」と「まなじりを吊り上げる」とでは、怒りの表現であることは共通していて、怒りが顔の表情として表れることも同じであるが、その表れ方が違うと考えるべきであろう。

【結論】「まなじりを決する」と「まなじりを吊り上げる」は、怒りが顔の表情として表れるその表れ方が違うだけで、ともに怒りを表現する言い方である。

22

はらわたがちぎれる
はらわたがよじれる

悲しみや怒りに耐えられないとき、「はらわた」はどうなる？

悲しみやいきどおりなどに耐えられないさまを、「はらわたがちぎれる」と言う。「はらわたがちぎれる思いを抱く」などと使う。だがこれを「はらわたがよじれる」と言う人がいる。

「はらわた」は漢字では「腸」と書き、内臓、特に大腸や小腸の総称である。この「腸《ちょう》」を「はらわた」と読むと、「はらわたが腐る（精神が堕落する）」「はらわたが煮えくり返る（激しい怒りをこらえることができない）」「はらわたにしみる（臓腑《ぞうふ》に心地よい刺激が広がる。感動を覚える）」「はらわたが見え透く（本心がはっきりとわかる）」「はらわたを絶つ（断腸《だんちょう》の思いをする）」などといった慣用句で使われる。他にも、面白い、笑いたくなるほどおかしいという意味で「はらわたがよじれる」とも言う。本来は「はらわたがちぎれる」と言うべきところを、「はらわたがよじれる」と言ってしまう人は、ひょっとしてこのような慣用表現と意味を混同して覚えているのかもしれない。『明鏡国語辞典』が「はらわたがちぎれる」の解説で、「腸がよじれる」は誤りと注記している通りなのである。

「はらわたがちぎれる」は、「断腸」という語の訓読によって生じた慣用句だと考えられる。「断腸」という語は、中国の南朝宋《そう》の時代の説話集『世説新語《せせつしんご》』に見える故事による。『日国』によるとそれは以下のような内容である。

「中国、晋《しん》の武将、桓温《かんおん》が三峡《さんきょう》を旅した時、従者が猿の子を捕《とら》えた。母猿は悲しんで岸を追うこと百余里、ついに船にとびうつることができたが、そのまま息絶えた。その腹をさいて見ると、腸がずたずたに断ち切れていた」

つまり、母猿の腸はずたずたにちぎれていたのであるから、もとになった語（「断腸」）を知っていれば、「はらわたがよじれる」と言い間違えることはないであろう。

国研のコーパスには1例だけ、しかも書籍例の「腸がよじれる」がある。「腸」は「はらわた」であろうが、意味は悲しみに耐えられないという誤用とされる意味で使っている。

なお蛇足ではあるが、永井荷風《ながいかふう》が1917年から死の前日1959年4月29日まで書き続けた『断腸亭日乗《だんちょうていにちじょう》』と名付けられた日記がある。この、「断腸」は中国の故事とは関係がなく、荷風がこの日記を書き始めたときに住んでいた家の屋号に由来する。庭にシュウカイドウ（秋海棠）が植えてあったことによるのだが、シュウカイドウの異名が断腸花なのである。

【結論】「はらわたがちぎれる」は「断腸」から生まれた語で、「断腸」は中国の故事から生まれた表現なので、「はらわたがよじれる」などと違う言い方をしないようにしたい。

23 犠牲に（と）なる 犠牲をこうむる

「犠牲をこうむる」とつい言ってしまいがちだが…

災難などで、死んだり負傷したりすることを「犠牲に（と）なる」と言う。「戦争の犠牲となる」などと使う。ところがこれを「犠牲をこうむる」と言う人がいる。

「犠牲」は、犯罪などのような強制的な場合や、あるいは偶発的な事故や自然災害に出合った場合に、死んだり負傷したりすることをいう。そういう状況に陥るわけだから、「に（と）なる」と結びついて使われるのである。一方の「こうむる」は、この場合は災いなどを身に受けるという意味になるであろうが、「犠牲をこうむる」では死んだり負傷したりすることを身に受けるということになってしまうので、やはり適切な結びつきとは言えない。だが、「犠牲をこうむる」と言ってしまうのは、おそらく「損害をこうむる」などという表現があるので、それらとの混同からであろう。

国研のコーパスでは「犠牲をこうむる」の使用例は1例だけだが、国会議録では、平成以降だけで83件ある。口頭語でついそのように言いたくなってしまうのかもしれないが、文章で書くときは、「犠牲に（と）なる」を使うべきである。

【結論】口頭語では「犠牲をこうむる」が増えているようだが、本来の言い方である「犠牲に（と）なる」を使うべきである。

24 汚名をそそぐ 汚名を晴らす

失った名誉はどうすれば回復できるか？

身にこうむった汚名を、手柄や仕返しによって消し、名誉を回復することを「汚名をそそぐ」と言う。ところがこれを「汚名を晴らす」と言う人がいるが、もちろん本来の言い方ではない。

「そそぐ」は漢字で書くと「雪ぐ」となり、「すすぐ」とも読む。「雪辱《せつじょく》」の「雪」もそうだと言えば、おわかりいただけるであろう。「恥をそそぐ」「恥辱《ちじょく》をそそぐ」などとも使う。「お湯を注《そそ》ぐ」などと言うときの、「注《そそ》ぐ」とは違うので、「注ぐ」と書かないように気をつけたい。『日国』によれば、「汚名をそそぐ」の「そそぐ」は、水で清める意味の「すすぐ」から派生して、名誉を回復するという意味になったと考えられているようである。

通常は、「汚名を雪ぐ」「汚名をそそぐ」と書くが、「汚名を濯ぐ」「汚名を洗ぐ」といった表記のものや、意味からの類推であろうが、「汚名を流す」という使用例もある。バリエーションの一つと考えてもよいであろう。

一方の「晴らす」は、不快なものを解消する、払い除いて快くするということである。したがって、「汚名を晴らす」では汚名を取り除くことはできても、名誉を回復するということまでは意味していないのである。「晴らす」のはやはり、「鬱憤《うっぷん》、恨み、疑念」といったことであろう。

ところが、国研のコーパスを見ると「汚名を晴らす」が4例出てくる。そのうちの3例は書籍からの例である。校正の段階で引っかからなかったのかと気になってしまう。国会会議録では「汚名を晴らす」は31件あるので、口頭語ではかなり広まっているのかもしれない。

【結論】「汚名を晴らす」と言う人がいるようだが、「晴らす」では「汚名」は除くことができるが、名誉は回復されないので、「汚名をそそぐ（すすぐ）」を使うべきである。

25 汚名を返上する 汚名を挽回する

「汚名挽回」がかなり広まってきているが…

「汚名」とは、悪い評判、不名誉な評判のことだが、新たな成果を挙げてこれを退けることを「汚名を返上する」と言う。「汚名返上」という四字熟語もある。

ところが、これを「汚名を挽回《ばんかい》する」と言う人がいる。しかもこちらにも同様に「汚名挽回」という四字熟語がある。

だが、この「汚名を挽回する」「汚名挽回」は、誤用だとする説がある。なぜならそれは、「汚名を返上する」（「汚名返上」）と「名誉を挽回する」（「名誉挽回」）の混交表現だからだというのである。いったいこれをどのように考えるべきであろうか。

文化庁が行った2004年（平成16年）度の「国語に関する世論調査」では、「前回失敗したので今度は――しようと誓った」という設問で、「汚名返上」と「汚名挽回」の使用実態について調査をしたところ、「汚名返上」を使う人は38・3％、「汚名挽回」を使う人が44・1％と、「汚名挽回」の方が多かったのである。これによっても、「汚名を挽回する」（「汚名挽回」）はかなりな広まりを見せていることがわかる。

国研のコーパスでも、書籍の例で「汚名を挽回する」が2例ある。国会会議録も「汚名を返上する」は97件あるが、「挽回する」も24件ある。

こうした結果を受けてか、最近は『明鏡国語辞典』のように、「『汚名［退勢・地に落ちた評判］を挽回する』など、『～を』にくるものを払いのけて、もとのよい状態を取り戻すために巻き返しを図ることの意でも使われる」という説明を載せている辞典も現れた。

確かに「挽回」には、もとの状態に戻す、巻き返しをはかるという意味があるので、「汚名を挽回する」(「汚名挽回」)には失った評判をもとの状態に戻すという意味があるように思えなくもない。しかし「挽回」は失ったものを取り戻すというのが本来の意味なので、「汚名を挽回する」(「汚名挽回」)では、失った汚名を取り戻すという意味にもなってしまわないだろうか。「名誉を挽回する」(「名誉挽回」)が正しいのは、「名誉」は失っても、再びその状態を取り戻す可能性があるのでそう言えるのである。

文化庁の調査結果はあるものの、「汚名を挽回する」(「汚名挽回」)は私も含めてだが、おかしいと感じる人はまだまだ多い気がするのである。

【結論】本来の言い方である「汚名を返上する」ではなく、誤用とされる「汚名を挽回する」が広まりつつあり、それを認める辞典が出てきていても、「汚名を挽回する」(「汚名挽回」)は使用を避けた方がよいであろう。

26

苦杯をなめる
苦杯を喫する
苦杯を飲む

「にがい経験」はなめるもの？飲むもの？

にがい経験をすることを「苦杯《くはい》をなめる」「苦杯を喫《きっ》する」と言う。「前回の対戦であのチームには苦杯をなめさせられた」のように使う。ところがこれを「苦杯を飲む」と言う人がいる。

「苦杯」は、もともとはにがい酒を入れた杯《さかずき》のことで、これから転じて、にがい経験という意味でも使われるようになったのである。

「苦杯をなめる（喫する）」が本来の言い方だが、これを「苦杯を飲む」と言ってしまうのは、「杯」に影響されてであろうか。あるいは、味を感じたりみたりするという意味では、「なめる」「喫する」「飲む」はほぼ同義語と言えるので、その意味での混同もあるのかもしれない。ただし、本項の「なめる」「喫する」は、「辛酸《しんさん》・労苦をなめる」「惨敗《ざんぱい》を喫する」と同じように、実際の味を感じているわけではなく、苦しい経験をする、好ましくないことをこうむるという意味である。ところが、「飲む」にはそういった意味はないので、この意味・用法では「なめる・喫する」と交代させることはできない。

国研のコーパスを見ると「苦杯を飲む」の使用例が書籍で1例ある。だが、やはり「苦杯をなめる(喫する)」とするべきであろう。

また、青空文庫で検索すると、「苦杯を飲み干す」という言い方が2例見つかる。いずれも長崎で被爆した医学者永井隆《ながいたかし》の『この子を残して』(1948年)という手記からの例である。この表現が永井独自のものなのかどうか、今のところは調査不足である。

なお、『大辞泉』の「苦杯を嘗《な》める」の項目には、「苦杯」を「苦敗」と書くのは誤りだという注記がある。確かにインターネットなどを見ると、「猛虎苦敗」などという使用例は見かける。この場合は「猛虎」つまりプロ野球の阪神タイガースがにがい敗戦を喫したという意味で使っているのであろう。だが、「苦敗をなめる(喫する)」という使用例は未見である。そもそも「苦敗」などということばは、一般には認められていないものである。

また、国研のコーパスにはなく、私も実例は未見なのだが「苦杯に塗《まみ》れる」と言う人もいるらしい。おそらく「一敗地《いっぱいち》に塗《まみ》れる(ふたたび立ち上がれないほど徹底的に打ち負かされる)」との混同であろうが、もちろん本来の言い方ではない。

【結論】「苦杯をなめる(喫する)」が本来の言い方なので、これを「苦杯を飲む」とは言わないように気をつけたい。

27 雪辱を果たす 雪辱を晴らす

雪辱を「晴らす」派が増えてきているが……

「雪辱《せつじょく》」という語を『日国』で引いてみると、「以前受けた恥を、仕返すことによって消し去ること。現代では多く、競技などで、前に負けたことのある相手を破って、負けた恥をすすぐことをいう」とある。「昨年の雪辱を果たして優勝した」などと使う。「雪辱を遂げる」という言い方もある。

ところがこれを「雪辱を晴らす」と言う人が増えている。

文化庁が行った2019年（令和1年）度の「国語に関する世論調査」でも、「雪辱を果たす」を使う人が38・3％、「雪辱を晴らす」を使う人が50・5％と、「晴らす」派が多くなっている。

「はらす」と「はたす」とでは、確かに音が似ていなくもない。また、語義に関してもやや重なっている部分がある。類義語ではないが。

晴らす：なくす、解消する、目的を遂げる
果たす：成し遂げる、結果を得る、物事を終える、目的を遂げる

というのが「晴らす」「果たす」の主な意味だが、こうした類似性も誤用を生じさせる一因なのかもしれない。

「雪辱」とは、辱《はじ》を雪《すす》ぐという意味で、古くからある漢語のようだが、じつは日本最大の漢和辞典『大漢和辞典』（諸橋轍次《もろはしてつじ》著　大修館書店）にはこの語は載っていない。けっこう新しい語のようで、『日国』に載っている唯一の用例は、

「四対〇、一高美事《みごと》雪辱す」（国民新聞社運動部『日本野球史』1929年）

というものである。先に引用した『日国』の語釈にも「競技などで」とあるように、日本のスポーツ関係者の間で生まれたことばなのかもしれない。

「果たす」は成し遂げる、目的を遂げるという意味であるから、「雪辱を果たす」で、辱《はじ》を雪《すす》ぐことを成し遂げるという意味になる。「雪辱を遂げる」も同様である。

これを「雪辱を晴らす」と言ってしまうと、「晴らす」は不快なものを払い除いて快くするということだから、意味不明の言い方にしかならない。「雪辱を晴らす」は、おそらく「屈辱を晴らす」との混同から生まれた言い方だと思われるが、やはり誤った使い方であるとしか言いようがないのである。

【結論】「雪辱」の後接語は、「果たす」「遂げる」などを使うべきで、「雪辱を晴らす」は意味不明の言い方にしかならないので、使用は避けるべきである。

28 恨みを晴らす 恨みを果たす

恨みを解消できるのは、どっち?

恨む気持ちを解消させること、特に自分に対してひどい仕打ちをした人に仕返しをしてその恨みをなくすことを「恨みを晴らす」と言う。「長年の恨みを晴らす」などと使う。ところがこれを「恨みを果たす」と言う人がいる。

国研のコーパスでも「恨みを果たす」は、書籍例を含めて3例見つかるが、「恨みを果たす」は誤用とされている言い方なのである。

確かに「はらす」と「はたす」とでは、音が似ていなくもないし、類義語ではないが語義に関しても、ともに「目的を遂げる」という意味を持つように、やや重なっている部分がある。「恨み」に後接する「晴らす」の意味は「解消する」である。ところが、「果たす」には「解消する」の語義はない。このことからも「恨みを果たす」は誤用と言い切ってよいと思う。『日国』によれば、「恨みを晴らす」という言い方は、日本イエズス会がキリシタン宣教師の日本語修得のために編纂《へんさん》した『日葡《にっぽ》辞書』(1603~04年)にも載せられており、かなり古くから定着していたことがわかる。

【結論】「恨みを晴らす」が本来の言い方で、「恨みを果たす」では意味的にも違ってしまうので、「恨みを晴らす」と言うようにしたい。

29

精根尽きる
精根込める
精魂尽きる

「精根」と「精魂」の後に続くのは「尽きる」?「込める」?

「精根《せいこん》」と「精魂《せいこん》」という同音語は、意味は違うのに、後に続く動詞に混乱が見られる。「精根」は、物事を成し遂げようと集中した体力と精神力のことである。これに対して、「精魂」は、たましいのことである。「精根」は体力と気力のことなので、それを「使い果たす」とか「尽きる」といった動詞とともに使われる。一方の「精魂」は、たましいや精神のことなので、「込める」や「傾ける」などとともに使われる。

国研のコーパスを見ると数は少ないが、混乱した例がいくつか見つかる。「精根」は「精根込める」の使用例はないのだが、「精根を傾ける」が書籍の例で3例ある。また、「精魂」は「精魂尽きる」と「精魂を尽き果たす」の使用例が書籍でそれぞれ1例ずつある。具体例は示さないが、いずれも同音語に騙されてしまったものであろう。日本語は同音語が多いので注意が必要である。

【結論】「精根」は物事を成し遂げようと集中した体力と精神力のこと、「精魂」はたましいのことなので、それぞれ「精根尽きる」「精魂込める」と使い分ける必要がある。

30 疑問を呈する 疑問を示す

疑問を投げかけるのは「呈する」か「示す」か?

疑問を投げかけたり、差し出したりすることを、「疑問を呈《てい》する」と言う。「社員の提案に対して疑問を呈する」などと使う。ところがこれを「疑問を示す」と言う人がいる。

この場合の「呈する」は提出する、差し出すという意味であるが、この意味での「呈する」は他にも「苦言」「賛辞」「疑念」「疑義」などと結びついて使われることが多い。「呈する」と「示す」は、あるものを相手にわかるように表すという意味で共通する類義語だが、「示す」には「呈する」にはある、進呈・提出・提供するという意味はない。この場合は、「示す」にはない意味での用法なので、類義語だとは言っても、「呈する」を「示す」と交代させることは不可能なのである。

国研のコーパスを見ると「疑問を示す」の使用例が3例ある。いずれも書籍の例で、そのうちの1例は校閲部のある新聞社の社会部が書いたものである。「疑問」の場合、「疑問を提示(呈示)する」とは言えるだろうから、「提示(呈示)」にある「示」の字に影響されて、「示す」と言ってしまうのかもしれないが、やはり「疑問を呈する」を使うべきである。

【結論】「疑問を呈する」が本来の言い方なので、「疑問を示す」と言うべきではない。

31

櫛の歯が欠ける
櫛の歯が抜ける

「あるべきものがところどころ抜けている」のは、どっち?

切れ目なく続くはずのものやそろって並んでいるはずのものがところどころ抜けているさまを「櫛《くし》の歯が欠ける」と言う。「チームの敗戦が決定的となり応援席は櫛の歯が欠けたようになる」などと使う。ところがこれを「櫛の歯が抜ける」と言う人がいる。

人間の歯であれば「欠ける」も「抜ける」もともに使えるが、この場合の「歯」とは、髪の毛を整えるときなどに使う器具である「櫛」の細かな刻み目のことである。この刻み目は、次々と引くようにして削って作る。櫛の歯は「櫛比《しっぴ》」「櫛の歯を並べる」という語があるように、きちんと並んでいるということが前提で、その一部が脱落するということから「櫛の歯が欠ける」という言い方が生まれたのである。したがって、本来の言い方ではない「櫛の歯が抜ける」はやはり誤った使い方であろう。

ところが国会会議録を見ると、「櫛の歯が抜ける」だけでなく、強調しているつもりなのであろうか、「櫛の歯が抜け落ちる」という使用例まである。「櫛の歯が抜ける」は、特に口頭語でついそのように言ってしまう語なのかもしれない。

【結論】「櫛の歯が欠ける」が本来の言い方で、「櫛の歯が抜ける」は口頭語として広まりつつあるようだが、使うことのないよう気をつけたい。

32

くさびを打ち込む
くさびを打つ

V字形の道具「くさび」は打ち込むのか？打つのか？

「くさびを打ち込む」の形で、敵陣に攻め込み、これを二分するという意味（「敵の本陣に騎馬隊がくさびを打ち込む」）や、相手方に自らの立場や勢力を強引に押し入れるという意味（「大手企業の独占状態にくさびを打ち込む」）、さらには仲を裂こうとして間に邪魔を入れるという意味（「二国間にくさびを打ち込む」）で使われる。

ところがこの「打ち込む」を単に「打つ」と言う人がいる。たとえば、牧野信一《まきのしんいち》の小説『蟬《せみ》』（1924年）には、

「周子に非難されてゐる事実ばかりでなく、広く自分の生活にそんな風な楔を打たなければならない気がした」

という使用例がある。

「くさび（楔）」とは、木や金属などを、一端が厚く他端に至るにしたがって薄くなるようなV字形に作ったものである。これを、木材・石材を割るときや、重い物を押し上げるときに差し込んだり、材が抜け落ちるのを防ぐために打ち込んだりする。

確かに「くさび」は槌《つち》などを使って打つものではあるが、中に入れるために強く打ち込むものなので、「くさびを打つ」ではなく「くさびを打ち込む」の方が実態に

合った表現であろう。

そのようなこともあって、『大辞泉』には、「くさびを打ち込む」に、「この意味（比喩《ひゆ》的な意味）で『楔を打つ』とするのは誤り」という補説がある。比喩的な意味の場合は、冒頭で示した例文のように、中に差し込むという意味が強調されるわけだから、「くさびを打ち込む」の方が適切であろう。だが、「くさびを打つ」をすべて「誤り」と言い切れるかどうかはいささか疑問である。国研のコーパスを見ると、「くさびを打ち込む」が21例、「くさびを打つ」が4例あるのだが、「打つ」だってありえそうな気がするからである。先に引用した牧野の『蟬』の例も、誤用とは言えないのではないだろうか。標準的な使い方ではないかもしれないが。

なお、慣用句を集めた辞典によっては、「くさびを差し込む」を取り上げ、「くさび」は槌などで強引に打ち込むものなので「差し込む」は誤りだとしているものがある。

国研のコーパスを見ると「くさびを差し込む」の例が書籍からのものだが2例ある。そのうちの1例は渡辺淳一《わたなべじゅんいち》のベストセラー小説『失楽園』（1997年）の一節である。

「久木は凜子の軀《からだ》の中に楔を差し込んだような気持でいる。もはや凜子がじたばたしても逃げられない、太い頑丈な楔が女の脳天から腰までを貫ぬいている」

というものであるが、この場合「楔」は比喩なので「打ち込む」ではあまりにも強烈すぎて、この部分の官能的な場面を表現できないであろう。したがってここでは、「差し込む」以外にないような気がする。もちろんこれは文学作品の表現上の問題であるから、特殊なケースであるとも言えるかもしれない。通常はやはり「打ち込む」を使う方がいいであろう。

【結論】「くさびを打ち込む」が本来の言い方ではあるが、「くさびを打つ」あるいは「くさびを差し込む」という言い方も場面によっては使用可能と思われる。

33

馬脚を露す 馬脚を晒す 馬脚を出す

「化けの皮が剝がれる」を意味する表現は?

包み隠していたことが現れる、化けの皮が剝《は》がれるという意味で、「馬脚《ばきゃく》を露《あらわ》す」あるいは「馬脚が露れる」という言い方をする。「慣れないことをしてとうとう馬脚を露す」などと使う。ところがこれを「馬脚を晒《さら》す」または「馬脚を出す」と言う人がいる。

「馬脚」とは、もちろん馬の脚のことだが、通常は芝居で馬の脚を演じる役者の意味で使われる。「馬脚を露す」は芝居で馬の脚の役者が、見せてはいけない姿をうっかり見せてしまうことからいう。

一方これを「馬脚を出す」と言うのは、「しっぽを出す（隠していたことが露見する）」との混同だと考えられている。また、「馬脚を晒す」は、「晒す」は広く人々の目に触れるようにするという意味なので、「恥を晒す」などといった慣用表現と混同しているのかもしれない。

いずれにしても「馬脚を晒す」「馬脚を出す」は誤用だとされている言い方なので、使用は避けるべきであろう。

国研のコーパスを検索してみると、「馬脚を出す」は1例だけ書籍の使用例がある。ただ「馬脚を晒す」の方は1例もないのだが、インターネットではかなりな数の使用例が見つかる。

国会会議録では、「馬脚を晒す」は見当たらないのだが、「馬脚を出す」が4件ある。確かに口頭語では、つい「出す」と言ってしまいそうな気がしないでもない。

なお、「馬脚を露す」の「あらわす」を新聞などでは「露す」ではなく、「現す」と書くようにしている。これは常用漢字表では「露」という漢字には「あらわす」という読みを認めていないからであろう。

ただ、個人的な印象なのだが、「現」と「露」とでは、「露」の方が隠そうとしていたものがつい表に出てしまって、むき出しになるという意味合いが強いような気がするのである。

【結論】「馬脚を露す」が本来の言い方で、「馬脚を晒す」「馬脚を出す」は誤用だとされている言い方なので、使用は避けるべきであろう。

34

正鵠を射る
正鵠を得る
正鵠をつく
正鵠をうがつ

「物事の要点をつく」という意味の表現は？

物事の要点や核心を正確についてくることを「正鵠《せいこく》を射る」、あるいは「正鵠を得る」と言う。「正鵠を射た（得た）答え」などと使う。

この慣用句は問題点が複数ある。

まず、「正鵠」の読みだが、「セイコク」が本来の読みである。だがこれを「セイコウ」と読んでいる人もいるかもしれない。こちらは慣用読みである。ただ、国研のコーパスでは「正鵠」を慣用読みの「セイコウ」で表示していて、国研はそういう判断なのかと少し複雑な気分になる。もちろん「セイコウ」でも間違いではないのだが。

「正鵠」の本来の意味は、弓で射る的の中央のことだが、これから要点、急所という意味に変化したと考えられている。ところが、弓で射る的という意識が失われ、要点、急所という語義の方が強く意識されるようになったのか、「正鵠をつく」「正鵠をうがつ」という言い方が生まれた。

「正鵠を射る」「正鵠を得る」は、もともとは古代中国の礼について書かれた儒教の経典の一つである『礼記《らいき》』にある「正鵠を失わず」からきている。的の真ん中である「正鵠」を「失わず」、つまり外さないということであるから、のちに同義語「射る」「得る」となったわけである。

つまりこれからすると、物事の要点や急所を外すの意味で「正鵠を失する」という言い方も可能ということになる。

国研のコーパスでは、本来の言い方ではないとされる「正鵠をつく」「正鵠をうがつ」の使用例は見つけられない。だが、国会会議録には、１９４７年以降「正鵠をつく」が８件、「正鵠をうがつ」が２件出てくる。これらは口頭語として使われることの方が多いのかもしれない。

本来の言い方は「正鵠を射る」「正鵠を得る」なので、「正鵠をつく」「正鵠をうがつ」は改まった場では使わない方が無難かもしれない。

【結論】「正鵠」は「セイコク」が本来の読みで「セイコウ」は慣用読みである。この慣用表現は「正鵠を射る・正鵠を得る」が本来の言い方で、「正鵠をつく・正鵠をうがつ」という言い方をする人もいるようだが、改まった場では本来の形を使うべきであろう。

35

上前をはねる
上前をかすめる
上前を取る

「代金などの一部を自分のものにする」を意味する表現は？

手数料や代金の一部をかすめ取ることを「上前《うわまえ》をはねる」と言う。「一日の稼ぎの上前をはねる」などと使う。ところがこれを「上前をかすめる」と言う人がいる。

国研のコーパスでは「上前をかすめる」は見つからないのだが、インターネットで検索すると「上前をかすめる（かすめ取る）」の使用例はけっこう見つかるので、広まっている言い方なのかもしれない。だが、「上前をかすめる」は本来の言い方ではない。

「うわまえ（上前）」は「うわまい（上米）」の音変化で、もともとは寺社が年貢米の幾分を初穂《はつほ》として寄進させた米のことである。これがのちに通行税の一種として、諸国の年貢米が神領などを通過するときに取った金をいうようになり、さらには、仕事や売買などの仲介をする者が取る、代金・賃金の一部の意味になる。

「上前をかすめる」の「かすめる」は盗む、ごまかすの意味で、人の取り分の一部をかすめ取る「はねる」とは意味が似通っているので、「かすめる」とも言えると勘違いする人が出てきたのかもしれない。ちなみに「はねる」は漢字では「撥ねる」と書くことが多い。
「上前をはねる」の形が広く使われているが、「上前を取る」という言い方もあり、江戸時代の用例は「取る」の方が多い。たとえば、十返舎一九《じっぺんしゃいっく》作の滑稽本『東海道中《とうかいどうちゅう》膝栗毛《ひざくりげ》』（1802〜09年）には、

「あんなごまのはいに、やどをかすからにゃア、こなたもうはまへを取《とる》だろふ」

とある。主人公の弥次郎兵衛と喜多八が、旅の途中一緒になった男と三島《みしま》の宿に泊まり、夜はどんちゃん騒ぎをするのだが、翌朝2人が目を覚ますと同行の男はすでに出立していて、宿代を払わなかったばかりでなく、2人の金も持ち逃げし代わりに紙に包まれた石ころが残されていたという場面である。「ごまのはい」は「護摩の灰・胡麻の蝿」などと書くのだが、旅人のふりをして、道中で、旅客の持ち物を盗み取ったどろぼうのこと。弥次さんが宿の亭主に、八つ当たりをして「ごまのはい」とグルで、後で盗んだ金の一部を取るのではないかと言っているのである。

ところで国会会議録を見ていたら、

「事業体の長がそういった地上げ屋の上前をはつった悪質なもので」（1990年6月18日衆議院税制問題等に関する調査特別委員会 - 7号）

という発言を見つけた。発言者は当時衆議院議員だった故奥田敬和氏であるが、この「はつる」は「はねる」と同じ意味の、氏の出身地石川県の方言だと思われる。余

計なことだが、国会会議録はこのようなものも見つかるので面白い。

【結論】「上前をはねる」「上前を取る」が本来の言い方で、「上前をかすめる」もかなり広まっているようだが、適切な言い方ではないので使わないように気をつけたい。

36 白羽の矢が立つ 白羽の矢が当たる

「多くの中から選び出される」を意味する表現は？

多くの中から犠牲者として選び出される、また、多くの中から特に選び出されることを「白羽《しらは》の矢が立つ」と言う。「次期社長として白羽の矢が立った」のように使う。ところが、これを「白羽の矢が当たる」と言う人がいる。

「白羽の矢が立つ」は、『日国』によれば、「人身御供《ひとみごくう》を求める神が、その望む少女の住家の屋根に人知れず白羽の矢を立てるという俗説から」生まれた慣用句であるという。だとすると、語源から考えても「立つ」が自然であろう。「矢」だから「刺さる」だってありそうなものだが、なぜか「当たる」という言い方がされるようになってしまったのである。

文化庁が行った２０１７年（平成29年）度の「国語に関する世論調査」では、「白羽の矢が立つ」を使う人が75・５％、「白羽の矢が当たる」を使う人が15・１％という結果が出た。ところがそれよりも12年前の２００５年（平成17年）度の同調査では、「白羽の矢が当たった」という言い方が気になると答えた人が58・３％、気にならないと答えた人が35・３％という結果が出ている。自分では「当たる」を使わなくても、他人がそのように言うことは気にならないということなのであろうか。

国研のコーパスを見ると「白羽の矢が当たる」の例が2例ある。その一つは小池真《こいけま》理子《りこ》の『恋』（1995年）という小説で、

「一番に名乗りをあげたあなたに、白羽の矢があたったんだから、ここはひとまず、何を差し置いてても行ってみることね」

というものである。会話文なので作者が「当たる」にこだわったのかもしれないが、普通は「立つ」とするべきところである。

【結論】「白羽の矢が立つ」が本来の言い方である。

37 望外の喜び 法外の喜び

「望んでいた以上の喜び」は、どっち?

望んでいた以上の喜びを「望外《ぼうがい》の喜び」と言う。「望外」は望んでいた以上であることの意味で、「望外の出世」「望外の幸せ」「望外のこと」などと使う。この「望外」を「法外」だと思って、「法外《ほうがい》の喜び」と言う人がいる。

確かに「ぼうがい」と「ほうがい」で音は似ていなくもないが、意味が異なる。「法外」は法に外れているということが原義だが、普通に考えられる程度をいちじるしく超えているという意味である。

「望外」は「喜び」「出世」「幸せ」など、よい結果と結びつけて使われることが多いが、「法外」は「値段」「料金」「高利」「要求」など、必ずしもよくないものと結びつきやすいという違いもある。

国研のコーパスや国会会議録には「法外の喜び」の使用例はないが、インターネットで検索するとけっこう見つかる。もちろんその中には「法外の喜び」は誤用だと指摘しているものもあるのだが。

【結論】「望外の喜び」が本来の言い方で、これを「法外の喜び」と言うのは意味も違うので、そのように言わないよう気をつけたい。

38

一縷の望みを託す
一抹の望みを託す

わずかな望みは「一縷」か「一抹」か?

ごくわずかな希望をかけることを、「一縷《いちる》の望みを託す」と言う。「残り時間一分の頑張りに一縷の望みを託す」などと使う。ところがこれを「一抹《いちまつ》の望みを託す」と言う人がいる。「一縷」は1本の糸すじのこと、「一抹」は絵筆のひと塗りのことで、ともに、かすか、わずかの意味を持つ。だがもともと「一縷の望みを託す」の形で使われてきて、「一抹の望み」は本来の言い方ではない。

国研のコーパスでは「一抹の望み」の使用例は見当たらないが、「一抹の希望」という書籍の例が2例ある。これは、国会会議録でも3件ある。もちろんこれらは、「一縷の希望」と言うべきものである。またインターネットでは、「一抹の望み」を検索すると使用例が散見される。極めてわずかという意味で「一縷の○○」と言う場合は、「○○」に当たる語は「望み」「希望」などが多いであろう。「一抹の○○」の場合は、「○○」は「不安」「悲哀」「寂しさ」などであろう。「一縷」と「一抹」は同義語ではあるが、使い分けることが必要である。

【結論】「一縷の望み」が本来の言い方で、「一縷」を「一抹」に置き換えるのは本来の言い方ではない。「一縷」と「一抹」は同義語ではあるが、使い分けがなされているので気をつけたい。

column 1

「関係」「関連」「かかわり」「つながり」…の後に続く形容詞は？

「関係」「関連」「かかわり」「つながり」は、二つ以上の物事が何かの点でつながっている意味を持つ類語である。そのつながっている状態の程度を表すとき、どのような形容詞を選んだらよいか、けっこう迷うことが多いのではないだろうか。

たとえば、「関係」は、その程度や度合いで結びつく形容詞が使い分けられる。よく使われる、つまり結びつきが強いのは、「深い」「強い」「大きい」「濃い」の4語であろう。もちろんそれぞれの意味はまったく同じというわけではないが、おそらく使う側もその場の意味や感覚で、ことばを選んでいるものと思われる。

たとえば、「関係」が単独で使われる場合は「深い」が選ばれることが多いが、「信頼関係」「相関関係」「因果関係」といった「○○関係」のような「関係」の複合語の場合は、「強い」が選ばれる傾向にあるような気がする。

実際の使われ方はどうかというと、国研のコーパスを見ると、「関係が深い」が圧倒的に多い。次いで、「強い」「大きい」と続き、「濃い」はあまり多くない。

おそらく一般の使用頻度に対する意識も、この結果と似たようなものであろう。

一方、反対の意味の形容詞を選ぶ場合は、使用頻度の高いものから、「薄い」「少ない」「弱い」「浅い」の順となっている。頻度数から見ると、必ずしも「深い」に対して「浅い」が多いわけではない点が興味深い。

では、類義語の「関連」「かかわり」「つながり」はどうであろうか。国研のコーパスでは、以下のような結びつきが見られる。

「関連」　深い、強い、多い、高い、大きい／薄い、弱い、少ない
「かかわり」　深い、大きい、強い、多い／薄い、少ない
「つながり」　強い、深い、太い、大きい、多い／薄い、弱い

全体の実数は多くないので、頻度数といっても、「つながり」の「太い」「大きい」「多い」のように同数の1件しかないものもある。

類語であっても、よく見ると、他の語では使われない形容詞と結びつく場合もある。たとえば、「関連が高い」「つながりが太い」などのように。「高い」「太い」はそれぞれ「関連」や「つながり」と接合させた場合は違和感がないが、他

の語と結びつけてみるとおさまりが悪そうだ。
また、「高い」「太い」が使われたからといって、反対の意味のときに「低い」「細い」が使われるわけではないというのも面白い。

●「関心」「興味」の後に続く形容詞は？

さらに、同じような語に「関心」「興味」がある。ともにある物事に面白みを感じて心にとどめるという意味で共通している。その度合いを表す形容詞と結びつける場合、やはり国研のコーパスでは以下のような頻度順になっている。

「関心」　高い、強い、深い、熱い、多い／薄い、低い、少ない、弱い
「興味」　強い、深い、高い／少ない

「関心」の場合は、「多い」と「弱い」は1件だけなのであるが、3件の「熱い」、2件の「少ない」も含めて間違いではなかろうが、こなれていない気がする。「興味」は「強い」が4件、「深い」が3件、「高い」「少ない」は1件だけである。確かに「興味が＋形容詞」という表現はあまりしっくりこないので、そのような使い方をする人はほとんどいないのかもしれない。ただし、「深い」は「興味深い」の形ならよく使われるのではないだろうか。

●「公算」の後に続く形容詞は?

「公算」も後に続く形容詞を選ぶのが難しい語である。

「公算」は確率のことなのだが、それが表しているものは、はっきりと数値に示すことができないことが多いからである。だとすると、「大きい/小さい」という漠然とした度合いを示す語で表現することが妥当なのであろう。

新聞でも、たとえば時事通信社の『最新用字用語ブック』では、「公算が強い(高い、濃い)→公算が大きい」として、「大きい」だけを認めている。その理由は「『公算』は確率、確実さの度合いをいう。大小で表現し、強弱、高低、濃淡で表すのは誤り」だというのである。だが、本当にそうとばかり言えるのかという気がしないでもない。

NHKは「大きい」を本来の言い方としつつも「強い」も認めている。理由は、『公算』を『可能性』『見込み』の意味で使う場合には、『公算が強い』と表現しても、違和感はない」(『NHKことばのハンドブック』)からだという。

国語辞典では、たとえば『明鏡国語辞典』が「大小」「強弱」「高低」「多少」もあるとしている。つまり、新聞社、NHK、国語辞典によって見解が分かれているということである。

実際の使われ方はどうかというと、国研のコーパスを見ると、そこでの頻度数では、「公算が大きい」が過半数を占めているものの、「強い」「高い」「多い」も頻度数は少なくなるが使用例がある。実態は『明鏡国語辞典』が述べている通りだと思われ、私もそれを支持したい。

いずれにしても、「関係」とその類語、あるいは「関心」「興味」や「公算」の場合、後に続く形容詞を何にするかは文脈で判断するべきものであろう。

PART 2

微妙に違う日本語、どっちが正解か？

39 間が持てない 間が持たない

本来の表現を知らない人が増加中？

時間をもてあましたり、話しにくい相手と話題につまったりして、どうしたらよいかわからないことを「間《ま》が持てない」と言う。「会議が始まるまでまだたっぷり時間があって間が持てない」「会話が途切れて間が持てない」などのように使う。ところがこれを「間《ま》が持たない」と言う人もいる。だが、「間が持てない」が本来の言い方とされているのである。

この場合の「間」は、それまで継続していたものが途切れたり中断したりする時間という意味であろう。「間が持てない」で、「持てない」は維持できないということなので、その中断したり途切れたりした時間をどのようにしたらいいのかわからないという意味になる。「持てない」と「持たない」では、「持てない」の方が、その空白となる時間を何とかしたいのだがどうにもならないという意味合いが強くなる。

ところが、「間が持てない」はけっこう新しい言い方なのか、『日国』には見出し語はあるのだが、用例がない。だが、たとえば以下のような織田《おだ》作之助《さくのすけ》の『夜の構図』（1946年）の例がある。第二次世界大戦直後のものではあるが。

「何となく部屋の中を見廻していた物珍らしそうな眼付きだと思われるのは心外だっ

たが、しかし、そうでもしなければ間がもてなかった」

文化庁が行った2010年（平成22年）度の「国語に関する世論調査」で、「間が持てない」を使う人が29・3％、「間が持たない」を使う人が61・3％という逆転した結果が出た。「間が持たない」を使うという人は特に20代から40代に顕著で、7割を超えている。国研のコーパスを見ても、「間が持たない」は10例見つかるのだが、「間が持てない」は2例しかない。

このような状況から判断したのであろう、私が調べた限りでは『明鏡国語辞典』が唯一、「間が持たない」を見出し語にしている。「間が持てない」は同義語として挙げているが、見出し語にはしていない。文化庁の調査では60歳以上になると「間が持てない」を使う人が40・9％、「間が持たない」を使う人が48・0％と、まだまだ「間が持てない」も健在なのであるが。

「間が持てない」も古くからあることばではないようなので、「間が持たない」も決して誤用とは言えないと思うのだが、辞書として一気に「間が持たない」だけを認めるのは、時期尚早な気がする。

【結論】「間が持てない」ではなく、「間が持たない」が広まりつつあるため、こちらだけを見出し語にする辞典も出てきた。だが、「間が持てない」が本来の言い方であろうから、どちらも認めるべきである。

40 押しも押されもせぬ

——押しも押されぬ

——「押しも押されぬ」に押され気味な「押しも押されもせぬ」だが…

実力があり、他人に左右されたり圧倒されたりしないということを、「押しも押されもせぬ」と言う。「押しも押されもせぬ政界の大立者《おおだてもの》」などと使う。だがこれを「押しも押されぬ」と言う人がいる。

文化庁は「国語に関する世論調査」で、2003年（平成15年）度と2012年（平成24年）度の2回にわたってこの語の調査を行っている。

2003年度調査では「押しも押されもせぬ」が36・9％、「押しも押されぬ」が51・4％だったのに対して、2012年度調査では「押しも押されもせぬ」が41・5％、「押しも押されぬ」が48・3％で、数値に若干の違いはあるものの、いずれも「押しも押されぬ」の方が多数派を占めている。しかも2012年度調査では、「押しも押されもせぬ」を使うという人の割合が多いのは60歳以上だけで、20代から50代まではすべて「押しも押されぬ」が5割を超えている。特に30代は、「押しも押されもせぬ」が30・6％、「押しも押されぬ」が58・1％とその差が顕著である。国研のコーパスでは、「押しも押されぬ」の使用例は2例だけではあるが、書籍例である。

本来の言い方である「押しも押されもせぬ」の例は、『日国』によれば江戸時代か

ら見られる。これに対して、「押しも押されぬ」は、『日国』では、織田作之助の小説『夫婦善哉《めおとぜんざい》』（１９４０年）の

「半年経たぬ内に押しも押されぬ店となった」

という例が最も古い。『日国』では、この例を根拠に、「押しも押されぬ」を子見出しとして立項しているのだが、この表現をどう考えるべきか何の判断も示していない。私は、まずい処理であったと反省している。

ところが、『明鏡国語辞典』には、「押しも押されぬ」はけっこう古くから使われているとして、菊池《きくち》寛《かん》の例があると述べられている。だが、例文は引用されているのだが、残念なことに菊池寛の何という作品のものなのかは書かれていない。そこで調べてみると、『夫婦善哉』よりも古い１９１８年発表の『無名作家の日記』という作品からであることがわかった。

「押しも押されぬ」は、「押すに押されぬ」との混交表現だと言われている。「押すに押されぬ」は、どうしようもない事態であるとか、厳として存在する事実であるといった意味で、「押すに押されぬ事実」などと使う。そのため、国語辞典の多くは、「押しも押されぬ」は誤りであると注記しているし、ＮＨＫや新聞なども誤用だとしている。

古い例があるからといって正しいというわけではないのだが、多くの人が使ってい

るとやがてはその言い方も認めざるを得なくなってしまうであろう。本来の言い方をちゃんと使い続けるということも必要なのかもしれない。

【結論】本来の言い方である「押しも押されもせぬ」は、文化庁の調査などでも誤用とされる「押しも押されぬ」に押され気味である。だが、それを広めないようにする努力も必要なのではないだろうか。

41 右も左もわからない 左も右もわからない

右が先か、左が先か?

その分野に関してまったく知識がない、あるいは、物事を理解する力がないという意味で、「右も左もわからない」と言う。「ギリシア哲学に関しては右も左もわからない」などと使う。ところがこれを「左も右もわからない」と言う人がいる。

「右も左」「左も右」、つまり順序が入れ替わっているだけで大差はなさそうだが、本来の言い方は「右」が先なのである。

面白いことに、この言い方に限らず、「右」と「左」とが一緒に出てくる慣用表現では、「右」の方が先になる。たとえば、「右から左」「右と言えば左」のように。「右に出る者はいない」も「左」ではない。

なぜなのか。理由ははっきりしないのだが、たとえば「右に出る者はいない」の場合は、右を上と考えて、その人以上のすぐれた人はいない、凌駕《りょうが》する人はいないという意味である。これから考えられることは、「右」の方が優先される考え方があったということであろう。

確かに古代中国では、右を上席としていた。たとえば、今までよりも低い官職、地位に落としたり、中央から地方に移したりすることを「左遷」と言うが、これも古代中国で右を尊び左を卑《いや》しんだことによる。ただ面白いことに、日本では古く官職を左右対称に区分したとき、普通左を上位としていた。したがって、左大臣の方が右大臣よりも上位なのである。

なぜ日本では左が上位になるのか、その理由はよくわかっていない。世界的には右を尊ぶことの方が一般的なので、実に不思議である。

ただし、日本でもことばでは「右」の方が先になり、「右も左もわからない」と「右」が先になるのが本来の言い方なのである。

ところで、「左も右もわからない」という言い方は、国研のコーパスには見当たらないのだが、国会会議録には1件見受けられる。

「きょうは、私は、全くの政治音痴でして、左も右もわからないという中で、さっき忌憚《きたん》のない意見ということをおっしゃいましたので、忌憚のない意見を述べたいと思います」(2001年10月13日衆議院国際テロリズムの防止及び我が国の協力支援活動等に関する特別委員会 - 5号)

口頭語で、つい「左」の方が先だと思ってしまう表現なのかもしれないのだが、「右」が先である。

【結論】「右も左もわからない」が本来の言い方で、「左も右も」と順序を逆にして言ってはいけない。

42 寸暇を惜しんで 寸暇を惜しまず

「わずかな時間」を惜しむのか？ 惜しまないのか？

わずかな時間も無駄にせずに勉強に励むことを「寸暇《すんか》」という語を使って表現するとき、何と言っているだろうか。「寸暇を惜しんで勉強する」だろうか？　それとも「寸暇を惜しまず勉強する」だろうか？

本来の言い方は「寸暇を惜しんで」である。

ところが、文化庁が行った２０１０年（平成22年）度の「国語に関する世論調査」では、「寸暇を惜しんで」を使う人が28・１％、「寸暇を惜しまず」を使う人が57・２％という逆転した結果が出てしまった。

「寸暇」とは、少しの暇《ひま》のことで、「寸暇を惜しんで」とはそのわずかな暇すら惜しんで物事に取り組むという意味である。これが「寸暇を惜しまず」になると、わずかな暇を惜しまないということなので、無駄な時間を過ごすという意味になってしまう。なぜ「寸暇を惜しまず」のような言い方が生まれてしまったのだろうか。おそらく、苦労をいとわないという意味の類似の慣用表現「骨身を惜しまず」との混同によるものであろう。

文化庁の調査でも「寸暇を惜しまず」はかなり浸透していることから、国語辞典の中には「寸暇を惜しまずという言い方もされる」として、その用法を認めるものも出始めている（『明鏡国語辞典』）。だが、「寸暇を惜しまず」と「寸暇を惜しんで」とが同じ意味だということはどうあっても無理な話なので、やはり誤った使い方だと言わざるを得ない。

なお、国研のコーパスを見ると、「寸暇を置かず」という使用例が見つかる。このような例である。

「マントを跳ね上げて現れた《ゲイルレズ》の銃口が、ぴたりとリロイの背に向けられる。そして寸暇を置かず、渦巻く火炎が解き放たれた」（安井健太郎『ラグナロク』1998年〜）

おそらく「間《ま》を置かず」との混同によるものだろうが、意味もそれと同じように使っているものと思われる。だが、「寸暇」はわずかな暇という意味で、（わずかな）時間という意味はない。念のためにインターネットで検索してみると、驚いたことに「寸暇を置かず」は徐々に浸透していることがわかる。明らかに誤った使い方ではあるが、「寸暇を惜しまず」を認めた辞典はこの「寸暇を置かず」も認めるのだろうか。

【結論】「寸暇を惜しんで」という本来の言い方に対して、「寸暇を惜しまず」という言い方がかなり広まっているが、まったく違う意味になってしまうので、「寸暇を惜しまず」は使うべきではない。

43

明るみに出る
明るみになる

知られていないことが公然となるのは、どっち?

知られていなかったり、隠されたりしていたことが広く知られるようになることを「明るみに出る」と言う。「悪事が明るみに出る」のように使う。ところがこれを「明るみになる」と言う人がいる。「明るみ」は形容詞「あかるい」に接尾語の「み」が付いたもので、明るいところというのがもともとの意味だが、これが転じておおやけの場所という意味になった語である。おおやけの場所や表立ったところに知られるようになるわけだから、後に続く語が「出る」となるのは自然だろう。だが、「なる」だと、どういう意味かわからなくなってしまう。「明るみになる」は、「明らかになる」との混同から生まれた誤用だと考えられている。

国研のコーパスを見ると、「明るみになる」は11例ある。それらには、書籍・雑誌の使用例もある。国会会議録では、平成以降の使用例を見ても236件で、かなり増えつつあるようだ。「明るみになる」は、現時点では話しことばの中で使われることの方が多いのかもしれない。だが、使用を避けるべきであることは言うまでもない。

【結論】「明るみに出る」が本来の言い方で、これを「明るみになる」と言うと意味をなさなくなるので、使うべきではない。

44

取るものもとりあえず 取るものもとらず

大急ぎで出かけるとき、「取るもの」をどうする?

大慌てで、また大急ぎで出かけることを「取るものもとりあえず」と言う。「親が救急車で病院に運ばれたと聞いて、取るものもとりあえず駆けつける」などと使う。ところがこれを「取るものもとらず」と言う人がいる。「とりあえず」は、「とりあう(取り敢う)」という動詞の打消し形。「とりあう」は、しっかりと手に取る、時間的に余裕があるという意味だが、「取るものもとりあえず」は物品をしっかり手に取ることができずに、つまり慌てて手にするということになり、急ぐさま、あわただしいさまを表す。これを「取るものもとらず」と言ってしまうのは、手にしなければいけないものも取らずに慌てて、という意味に解釈しているものと思われる。

ただし「取るものもとらず」の使用例は、国研のコーパスを見てもインターネットの使用例が1例だけである。国会会議録でも6件あるだけなのでそれほどは広まっていないのかもしれない。だが、『明鏡国語辞典』に「『取る物も取らず』は不適切」という注意書きがあるように、使わないように気をつけるべき表現である。

【結論】「取るものもとりあえず」が本来の言い方なので、これを「取るものもとらず」と言うのは、さほど広まってはいないようだが、そのようには言わないように気をつけたい。

45 血で血を洗う 血で血を争う

暴力に暴力で応じるのは「洗う」か「争う」か?

殺傷に対して殺傷をもって報復することを「血で血を洗う」と言う。「血で血を洗う仲間どうしの争い」などと使う。ところがこれを「血で血を争う」と言う人がいる。「血で血を洗う」は『日国』によれば、「血で血を洗えば、ますますよごれるところから」生じた表現である。中国の唐の歴史を記した『旧唐書《くとうじょ》』が出典である。原典の意味を考えれば、「血で血を争う」は意味をなさないことになる。

「血で血を洗う」の用例は当然のことながら陰惨なものが多い。たとえば、幕末から明治初期の戯作者で新聞記者でもあった仮名垣魯文《かながきろぶん》の『高橋阿伝夜刃譚《たかはしおでんやしゃものがたり》』(1879年)には、

「素《もと》より一家の血で血を洗ふ裁判沙汰も外聞わろし」

とある。高橋お伝は明治の初め殺人罪で斬首《ざんしゅ》の刑に処せられた、希代《きたい》の毒婦と評判された女性である。

また、「血を以《もっ》て血を洗う」という、「血で血を洗う」のバリエーションと思われる例が鴨長明《かものちょうめい》の仏教説話集『発心集《ほっしんしゅう》』(1216年頃か)にある。このような例だ。

「ある経に、出世の名聞は、たとへば血を以て血を洗《あらう》が如しと説けり」

「出世の名聞」とは、出世の名声といった意味である。

国研のコーパスを見ると、「血で血を争う」例が1例ある。

「騙し討ち、裏切り、憎悪、血で血を争う同族どうしの確執が続いたこの時代」（國弘三恵『教科書が教えない日本史』1998年）

この文章では、血で血を〝争う〟のは「同族どうし」であり、「血で血を洗う」には血のつながっている者どうしが相争うという意味もあることから、混同したのかもしれない。

また、国会会議録を見ると平成になってから「血で血を争う」は3件見つかる。数は多くないが、口頭語で徐々に広まりつつあるのかもしれない。確かに「あらう（洗う）」と「あらそう（争う）」では何となく音が似ている。

なお、慣用句の解説をした本の中には、「血で血を洗う」ではなく、助詞の「で」と「を」がひっくり返った「血を血で洗う」を誤用としているものもある。確かに「血で血を洗う」が本来の形ではある。だが、『日国』でも引用されている、江戸後期のことわざ辞典『譬喩尽《たとえづくし》』（1786年）の

「血を血で洗ふ」

という例などは、誤用とは断定できないと思う。

【結論】「血で血を洗う」が本来の言い方であるので、「血で血を争う」とは言わないように気をつけたい。

46 苦虫を嚙み潰したような顔 苦虫を嚙んだような顔 苦虫を食い潰したような顔

「苦虫」をどうしたら苦り切った顔になる?

苦り切った顔や、不愉快極まりない顔のことを、「苦虫《にがむし》を嚙《か》み潰《つぶ》したような顔」と言う。「苦虫」は、嚙んだら苦いのではないかと想像される虫のことで、特定の虫のことではない。ところがこれを「苦虫を嚙んだような顔」と言う人がいる。『明鏡国語辞典』では、この「嚙んだよう」とするのは不適切だとしているのである。

確かに「苦虫を嚙んだ（嚙んだよう）」という例はけっこう見つかる。国研のコーパスでも書籍の例が4例ある。それらの後接の語は、「顔」あるいは「表情」である。『日国』は、「苦虫を＝食い［＝嚙み］潰したような顔」という形で子見出しを立項している。「食い潰す」を優先させているのは、式亭三馬《しきていさんば》作の滑稽本『浮世風呂《うきよぶろ》』（1809〜13年）の、

「苦虫《にがむし》を食潰《くっつぶ》した様《よう》な皃《かお》（筆者注：顔の異体字）をして」

という例があるからで、こちらの方がもう一つ引用している田山花袋《たやまかたい》の小説『生《せい》』（1908年）の「苦虫を嚙み潰す」の例よりも古いからである。ただ、『日国』は古典例にも配慮した辞典なのでそのような形をとっているが、現代語の辞典としてはや

はり「苦虫を噛み潰す」が優先されるべきであろう。

また『日国』では、「苦虫を潰す」「苦虫を噛む」という表現も、「不愉快なさま、つらい気持であるさま、また、いつもにがにがしいさまをすることや人を形容していう」として立項している。そしてそれらには以下のような用例が引用されている。

「始終黙然として苦虫を潰してゐるは偏人《へんじん》の寄居周作」(内田《うちだ》魯《ろ》庵《あん》『社会百面相』1902年)

「同宿の苦虫をかんでゐる三文小説家のところに」(水上《みなかみ》滝《たき》太《た》郎《ろう》『大阪の宿』1925~26年)

これらは、「顔」や「表情」が後に続く例ではないが、「苦虫を噛み潰す」だけではない形の使用例もけっこうあるという証拠になるであろう。

「苦虫を噛み(食い)潰したような顔」というのは、単に噛むだけでなく、さらにそのまま潰すという、強調表現とも言える言い方で、慣用的にも「噛み潰す」あるいは「食い潰す」だけが使われてきた。したがってそれを「噛んだような顔」と言うのは避けるべきであろうが、「顔」という語が後に続かないケースでは、「噛み潰す」「食い潰す」以外の「潰す」や「噛む」などを使っても問題ないと思われる。

【結論】「苦虫を噛み(食い)潰したような顔」は慣用表現として使われてきたものなので、これを「苦虫を噛んだような顔」と言うのは避けるべきであろう。だが、「顔」という語が後に続かないケースでは、「噛み潰す」「食い潰す」だけでなく「潰す」や「噛む」などを使っても問題ないと思われる。

47 噛んで含めるように 噛んで含むように

「よくわかるように丁寧に言い聞かせる」を意味する表現は？

よく理解できるように細かく丁寧に言い聞かせることを、「噛《か》んで含める」と言う。「噛んで含めるように教える」などと使う。ところがこれを「噛んで含むように」と言う人がいる。文化庁が行った2019年（令和1年）度の「国語に関する世論調査」では、「噛んで含めるように」を使う人が50・5％、「噛んで含むように」を使う人が31・9％という結果。「噛んで含める」は、食物が消化しやすいように噛んで口の中へ入れてやるということがもとの意味で、そこから転じて、あたかもそうするかのごとく丁寧に教えるという意味で使われるようになったのである。

「含める」「含む」だけの違いであるが、「含める」には「言い聞かせて理解させる」という意味があるのに対して、「含む」にはその意味はない。そのため、「言い含める」「因果を含める」という言い方はするが、「言い含む」「因果を含む」という言い方はしないのである。インターネットで検索すると「噛んで含む」の使用例はかなり見つかるが、本来の言い方である「噛んで含める」を使うべきである。

【結論】「噛んで含める」が本来の言い方で、「噛んで含む」にはよく理解できるように言い聞かせるという意味はないので、使わないように気をつけたい。

48 砂を噛むよう 砂を噛んだよう

味わいや情趣がないのは、砂を「噛むよう」？「噛んだよう」？

味わいや面白みがまったくないことを「砂を噛《か》むよう」と言う。「砂を噛むような生活を送る」のように使う。ところがこれを「砂を噛んだよう」と言う人がいる。「砂を噛むよう」は、砂を噛んだように味気ないという意味であるから、「砂を噛んだよう」でもよさそうだが、慣用句としては「砂を噛むよう」の形でのみ使われている。

国研のコーパスでは「砂を噛んだよう」の例は見つけられないが、国会議録では3件見つかる。うち2件は相手の答弁に対して「砂を噛んだような答弁」という発言であるところが国会らしい。口頭語として使われることが多いのかもしれない。

ただ、書籍例がないわけではない。たとえば、以下のような例だ。

「捨て台詞とともに荒々しく子ども部屋のドアが閉まり、大音響の音楽がドア越しに聞こえてきます。何度呼びかけても、お子さんからの返事はもうありません。あとに残るのは砂を噛んだような後味の悪さ……」（土井髙德『思春期の子に、本当に手を焼いたときの処方箋33』２０１４年）。校正者もつい見落としてしまったのかもしれない。

【結論】「砂を噛むよう」が本来の言い方なので、「噛むよう」と「噛んだよう」の違いではあるが、「砂を噛んだよう」とは言わないように気をつけたい。

49

三日に上げず
三日と上げず
三日にあけず

「間をおかないさま」を何と言う?

間をおかないさま、度重なるさまを「三日《みっか》に上げず」と言う。「三日に上げず訪ねてくる」などと使う。「三日」は3日間ということだが、ここではわずかの間という意味である。「三日坊主」「三日天下」などの「三日」と同じである。「〜に上げず」は間をおかずに、という意味である。この「に」という助詞は、動作・作用の行われ方、その状態のあり方を表す。「上げず」は、古典では「二、三日に上げず」(『大和《やまと》物語』947〜57年頃)の例があるが、普通は「三日に上げず」の形で使われることが多い。

ところがこの「三日に上げず」を、「三日と上げず」「三日とあけず」「三日にあけず」と言う人がいる。「三日」に続く助詞が「に」か「と」かということだけではない。「上げず」ではなくて「あけず」と言う人もいるのである。

「三日と上げず」の例は国研のコーパスを検索してみると2例ある。しかもその2例はともに書籍の例である。国研のコーパスからではないが、開高健《かいこうたけし》の『黄昏《たそがれ》の力』(1976年)という小説に、

「仲間の一人、二人と、ほとんど三日とあげずにかよったものだったが」

という使用例もある。

「三日とあげず」の例は、国会会議録を検索すると2件見つかる。たとえば、「三日とあげず病院へ通いました」（2005年2月25日衆議院予算委員会第六分科会－1号）

などというものである。

さらに、「三日にあげず」は、喜劇俳優・古川緑波《ふるかわろっぱ》の『悲食記《ひしょくき》』（1959年）「浅草を食べる」に、

「僕は、三年間を三日にあげず、みやこへ通ったものだった」

という例がある。また、国会会議録にも3件ある。

ややこしくて頭がくらくらしそうだが、おそらく「あけず」と言ってしまうのは、間隔をあけるという意味の「開《あ》ける」だと勘違いして、「あげず」ではなく、「開ける」の否定形「あけず」だろうと思ってしまったのかもしれない。「～に上げず」で間をおかずにという意味になると理解していないため、三日の後に続く助詞も揺れてしまうのであろう。


【結論】「三日に上げず」が本来の言い方なので、「三日と上げず」「三日とあけず」「三日にあけず」とは言わないように気をつけたい。

50 愛嬌を振りまく 愛想を振りまく

振りまくことができるのは、「愛嬌」か「愛想」か?

周囲の人みんなに、明るくにこやかな態度をとることを「愛嬌《あいきょう》を振りまく」と言う。ところがこれを「愛想《あいそ》を振りまく」と言う人が増えている。

文化庁が行った2015年(平成27年)度の「国語に関する世論調査」でも、「愛嬌を振りまく」を使う人が49・1%、「愛想を振りまく」を使う人が42・7%と、かなり拮抗《きっこう》している。

国研のコーパスでも「愛嬌を振りまく」は24例であるのに対して、「愛想を振りまく」は28例とやはり「愛想」の方が多い。

「愛嬌」「愛想」は確かに似ているが、本来はまったく違う意味のことばである。「愛嬌」は、「愛嬌のある顔」「愛嬌たっぷり」などのように、見る人にかわいらしさ、ひょうきんで憎めない様子などを感じさせる要素やしぐさなどを表す語である。「愛敬」と書くこともある。

これに対して、「愛想」は、「愛想がいい」「愛想笑い」などのように、人によい感じを与えるために示す態度やもの言いのことである。「愛嬌」はその人の持つ印象や雰囲気であり、「愛想」は具体的な動作であるということができようか。つまり、雰囲気は振りまくことができても、実際の動作は振りまくことができないというわけである。

ちなみにコーパスでは、「愛嬌を〜」の後接語は「振りまく」が圧倒的に多く、「愛想を〜」の後接語は「尽かす」が最も多い。もちろん、「愛想を尽かす」を「愛嬌を尽かす」と言うことはできない。

しかし「愛想を振りまく」と言う人が増えていることもあって、『三省堂国語辞典』『新明解国語辞典』『明鏡国語辞典』などのように、「愛想を振りまく」を例として挙げている国語辞典も出始めている。かつては誤用とされていたという注記も特になく。中でも『明鏡国語辞典』は、「愛想を振りまく」は「無理をして、こびてなどといった人為的な趣が感じられる」と説明している。

「愛想を振りまく」の広まり具合から判断して、辞典にそれも載せるのは私も理解できる。だが、まだこの言い方に対して違和感を覚える人も多いであろうから、使用には注意するべきであるということも書き加える必要があるのではないだろうか。

【結論】「愛嬌を振りまく」が本来の言い方ではあるが、「愛想を振りまく」と言う人も増えている。国語辞典によっては「愛想を振りまく」を認めているものも出てきたが、抵抗を感じる人もまだいると思われるので、配慮して使うようにしたい。

51

初心忘るべからず
初心忘るるべからず
初心忘れるべからず

「べからず」につながるのは、「忘る」か「忘るる」か「忘れる」か?

物事を習い始めた頃の、謙虚なはりつめた気持ちや、最初に思いたった一念を忘れてはいけないという意味で、「初心忘るべからず」と言う。ところがこれを「初心忘るるべからず」と言う人がいる。本来の言い方に「る」が一つ増えてしまったのである。「初心忘るべからず」は、室町前期の能役者で、能の台本である謡曲《ようきょく》の作者でもあった世阿弥《ぜあみ》が書いた能の理論書『花鏡《かきょう》』(１４２４年)に出てくる。本来の意味は、能楽で、若年《じゃくねん》の頃に学んだ芸や、その当時の未熟だったこと、また、時期時期での初めての経験を忘れてはいけないという教え(『日国』)である。

これがなぜ「初心忘るるべからず」になってしまったのであろうか。

「初心忘るべからず」の「べからず」は、文語の助動詞「べし」の未然形「べから」に、打消しの助動詞「ず」の終止形が付いたものである。文語の助動詞「べし」は基本的に活用語の終止形に付く。文語動詞「忘る」の終止形は「忘る」なので、「忘るべからず」が文法的には正しいということになる。

だが、それがなぜ「忘るる」になってしまうのかというと、おそらく「忘る」の口語形「忘れる」と「忘るる」は語形が近いため、つい引きずられてしまうのかもしれない。口に出して言ってみると、何となく「初心忘るるべからず」の方が言いやすい気もする。

また、「初心忘れるべからず」だと思っていて、そう使っている人もいるようである。たとえば国会会議録には、

「念願の念という字は今という字に心という字が組み合わさって言葉ができています。今の心を大切にという意味です。初心忘れるべからずというのは、この念願の念という字です」（２００８年11月20日参議院内閣委員会－２号）

という使用例がある。発言者が言うような、「念」という漢字が、今の心を大切にという意味だったとは寡聞《かぶん》にして知らないのだが、この口語形となった「初心忘れるべからず」を誤用とは言えないであろう。

「初心忘るるべからず」は、国研のコーパスからは拾えないのだが、インターネットで検索すると多数ヒットするので、かなり広まっているらしいということがわかる。だからと言って「初心忘るるべからず」を使ってもよいというわけではないのだが。

【結論】「初心忘るべからず」が本来の言い方で、その口語形である「初心忘れるべからず」は許容できるが、「初心忘るるべからず」は文法的にも正しくないので使用は避けるべきである。

52 火を見るより（も）明らか 火を見るように明らか

明々白々なのは「火」をどのようにしたとき?

極めて明らかで疑いを入れる余地がない、明々白々であることを「火を見るより（も）明らか」と言う。中国古代の儒教の基本書の一つ『書経《しょきょう》』が出典である。ところがこれを「火を見るように明らか」と言う人がいる。

文化庁が行った２００８年（平成20年）度の「国語に関する世論調査」では、「火を見るより明らかだ」を使う人が71・１％、「火を見るように明らかだ」は13・６％。この調査を見る限り「火を見るように明らか」を使う人はまだわずかではあるが、『明鏡国語辞典』はいち早く「『火を見るように明らか』は誤り」と注記している。

国研のコーパスでは、「火を見るように明らか」は１例も見つからない。ただ、中《なか》里介山《ざとかいざん》の長編小説『大菩薩峠《だいぼさつとうげ》』（１９１３〜41年）に、「この本館も、御殿も、彼ら暴民ども一炬《いっきょ》に付されるか、山寨《さんさい》の用に住み荒されることは火を見るように明らかである」（京の夢おう坂の夢の巻）とある。「火を見るように明らか」はじわじわと広まっているのかもしれない。

【結論】「火を見るより（も）明らか」は『書経』による出典のある語なので、これを「火を見るように明らか」とは言わないようにしたい。

53 腫れ物に触るよう 腫れ物に触らぬよう

機嫌を損じやすい人に恐る恐る接するさまは?

恐る恐る大切に扱ったり、機嫌をそこなわないように気を使ったりすることを「腫《は》れ物に触《さわ》るよう」と言う。たとえば、「腫れ物に触るような扱いをする」などと使う。ところがこれを「腫れ物に触らぬよう」と言う人がいる。〝触る〟か〝触らない〟かで意味が大きく違うのだが。

「腫れ物」は、炎症によって皮膚の一部が腫れて膿《うみ》をもったもので、いわゆるできものことである。この痛い腫れ物に触れるような感じで恐る恐る、というのが「腫れ物に触るよう」の意味で、決して触ると痛いので触らないということではない。

ただ、自分自身の「腫れ物」ではなく、人間関係においてよく思わない相手を「腫れ物」扱いして、できるだけその者にはかかわらないようにすることを、「腫れ物に触らぬよう」という言い方をすることはありそうな気がする。国会会議録に、「少年院から出るときになったら、潮が引いたみたいに誰もいなくなってしまうんです。腫れ物にさわるように、多くの関係者が関与に消極的になります」(2013年6月20日衆議院青少年問題に関する特別委員会‐5号)

という使用例があるが、この場合の「腫れ物」はその意味であろう。これを誤用とは言えないであろうし、この意味での使用例は今後増えそうな気がする。

なお、森鷗外は、「さわる」を「障る」と表記している。たとえば、『大塩平八郎』（1914年）では、「前《さき》には腫物に障るやうにして平山を江戸へ立たせて置きながら」（二・東町奉行所）とあるが、「触る」は「障る」の「支障となる意が軽くなって派生した語」（『日国』）という説があるので、誤用ではない。

【結論】「腫れ物に触るよう」が本来の言い方で、これと同じ意味で「腫れ物に触らぬよう」と言うのは適切な言い方ではないので、そのように言わないよう気をつけたい。

54 お眼鏡にかなう お目にかなう

「お目にかなう」と言う人が増えてきているが…

目上の人に評価されたり、気に入られたりすることを、「お眼鏡《めがね》にかなう」と言う。「部長のお眼鏡にかなった新人」などのように使う。だが、これを「お目《め》にかなう」と言う人がけっこう増えている。

文化庁が行った2008年（平成20年）度の「国語に関する世論調査」でも、「お眼鏡にかなう」を使う人が45・1%、「お目にかなう」を使う人が39・5%とかなり迫ってきている。しかも、この調査では、16〜19歳と60歳以上は「お目にかなう」を使う人の方が多いという結果が出ている。60歳以上に「お目にかなう」と言う人が増えている理由は、同じ年代としてよくわからないのだが。ただ、「お目にかなう」と言ってしまう人は、たとえば、上司が気に入った商品を言うとき、その上司が眼鏡をかけていなかったら、「お眼鏡にかなう」とは言いにくい、ということはあるのかもしれない。かなりこじつけめいているが。だが、もちろんそれだけの理由ではないであろう。

「お眼鏡」は「眼鏡」、「お目」は「目」の尊敬語である。辞典によっては「眼鏡にかなう」の形で立項されているものもある。「お眼鏡にかなう」の「かなう（適う）」はちょうどよく合うという意味で、レンズの度が合っていることからそのように使われてきた語であろう。使用例としては『日国』に引用されている、江戸時代後期の人情本『閑情末摘花《かんじょうすえつむはな》』（１８３９〜41年）の例が一番古い。このような例だ。

「予《よ》この冊子《とじぶみ》を見《あらわ》してより、僥倖《さいわい》にして看官《ごけんぶつ》の御眼鏡《おめがね》に協《かな》ひてや、まだ、此《この》次編は出ぬかとの催促」

私はこの書物を書いてから、幸いにして読者（「看官」）から高い評価を受けたのであろう、続編は出ないのかと催促された、といった意味である。眼鏡は枠《わく》のついたレンズをひもで耳にかけるタイプのものが江戸時代には使われていたのである。

「お目にかなう」を見出しにしている辞典は私が調べた限り小型の辞典ではまだないのだが、『大辞林』が見出しにしている。

確かに文化庁の調査ではかなり広まりつつあるように見えるが、じつは国研のコーパスを見ると「お目にかなう」の例は１例も見つからない。ひょっとすると口頭語で使われる言い方なのかもしれない。国会会議録には平成になってからの例が２件見つかるのである。

だが、改まった文章では「お眼鏡にかなう」とするべきであろう。

【結論】「お眼鏡にかなう」に対して、「お目にかなう」という言い方が勢力を拡大しつつあるが、改まった場では本来の言い方である「お眼鏡にかなう」を使うべきである。

55 ご飯をよそう ご飯をよそる

ご飯を器に盛るのは「よそう」か「よそる」か？

ご飯やみそ汁などを器に盛ることを、「ご飯（みそ汁）をよそう」と言うが、これを「ご飯（みそ汁）をよそる」と言っている人がけっこういる。

もちろん本来の言い方は「よそう」である。「よそう」は漢字で書くと「装う」、つまり服装や用具などを整えて身支度をするという語と語源が同じである。現代語では衣服などの場合は、「よそう」が変化した「よそおう」を使うことが多くなっているが。

「よそう」は、飲食物を整え、用意するという意味から、飲食物を器に整えて盛るという意味になり、さらに飲食物を器に盛るという意味に変化して、現代語の意味になっていったと考えられている。

一方の「よそる」はというと、「よそう（装）」と「もる（盛）」とが混交したものと考えられている。アメリカ人宣教師ヘボンが編纂《へんさん》した『改正増補和英語林集成』（1886年）に、「Yosoru ヨソル」とあることから、明治前期には使われていたことがわかる。このような、「よそう」が「よそる」になる現象は他の語にも見られ、たとえば「しなう（弾力があってたわみ曲がる意）」が「しなる」になるのも同様である。東北方言では「負《お》ぶう」が「負ぶる」、「しょう（背負う）」が「しょる」となることもある。

国研のコーパスを見ると、なぜか「よそう」では検索できず、「ご飯を〜」の表現は「よそる」でしか検索できない。コーパスを作成した国研のチームは「よそう」よりも「よそる」の方が標準語形だと判断したのであろうか。ただ、「よそう」も「よそる」も連用形はどちらも「よそっ・て」となるが、「よそる」で検索される16例の中にはその連用形もあるので、もともとは「よそう」だったのに「よそる」にまとめられた可能性もあるのだが。

国研では「よそる」が採用されているが、国語辞典ではまだ「よそう」が主流である。「よそる」は『日国』や『大辞泉』『広辞苑』『大辞林』などではさすがに見出し語を立てているが、小型の国語辞典になると、私が調べた限りでは『現代国語例解辞典』『三省堂国語辞典』『岩波国語辞典』くらいしか「よそる」を見出し語に立ててはいない。また『NHK日本語発音アクセント新辞典』にも「よそる」はない。

【結論】「ご飯をよそう」が本来の言い方で、「よそる」は新しい言い方である。「よそる」は間違いとは言えなくなっているが、標準的な言い方も覚えておきたい。

56 さばを読む さばを言う

さばを数えるとき、数をごまかそうとしてどうするか？

物を数えるとき、実際よりごまかすことを「さばを読む」と言う。「さばを読んで、2、3歳若く言う」などと使う。ところがこれを「さばを言う」と言う人がいる。「さばを読む」の語源は、魚市でサバを数えるとき、わざと急いで声に出して数えて、その数をごまかすところからと説明されることが多い。ただ『日国』にはこの語源説以外にちょっと面白い説にも触れているので、蛇足ではあるが紹介しておく。

それは、「さば読み」という語についてである。鎌倉時代の辞書『名語記《みょうごき》』（1275年）に、「ふたつづつよむをば、鯖読《さばよみ》と云《いう》事あり」とあることから、「刺鯖《さしさば》（サバの背を開いて塩漬けにし、頭のところで刺しつらねて一刺にしたもの）など二枚重ねを一連として数えた慣習から二つずつ数えることをいい」、そこから物を数えるとき、実際よりごまかすという意味に転用したものかとしている。残念ながら真偽のほどはわからない。「さばを言う」は、国研のコーパスには使用例はないので、さほど広まってはいないのかもしれない。だが、いずれにしても「さばを読む」が本来の形である。

【結論】物を数えるとき、実際よりごまかすことを言う「さばを読む」は、語源ははっきりしないのだが、これを「さばを言う」と言ってはいけない。

57 礼を失する 礼を逸する

失礼な態度を示すのは、
礼を「失する」か「逸する」か?

失礼な態度を示すことを「礼《れい》を失《しっ》する」と言う。「目上の人に対して礼を失するふるまいがある」などと使う。ところがこれを「礼を逸《いっ》する」と言う人がいる。「失する」「逸する」はともに、失う、のがす、なくすという意味を持つ。この2語は、たとえばある事を行うのに適当な機会を失ってしまうという意味で、「機会（時機）を失する」「機会（時機）を逸する」とも言うように、交代して使われることもある。だが、「礼を失する」の「失する」は、本来あるべきものをなくすという意味で、この意味は「逸する」にはないため、本来備わっているべきものと考えられている「礼」の場合は、「礼を失する」が本来の言い方ということになる。

国研のコーパスを見ると「礼を失する」は25例あるが、「礼を逸する」も2例見つかる。しかもいずれも書籍例である。また国会会議録でも1件ある。これは同じ発言者が2回も言っているものなので、言い間違いではなさそうだ。「しっする」と「いっする」で確かに音も似ているが、「礼を失する」が本来の言い方なのである。

【結論】「礼を失する」が本来の言い方なので、これを「礼を逸する」とは言わないように。

58 無理からぬ ― 無理なからぬ

「無理ではない」「当然」を意味するのは?

無理ではない、道理である、当然であるという意味で「無理からぬ」と言う。「妹が怒るのも無理からぬことだ」のように使う。

この「無理からぬ」だが、成り立ちが少しばかりややこしい。形容詞の補助活用の未然形に打消しの助動詞「ぬ」の付いた、たとえば「よからぬ」「少なからぬ」などから類推して、形容詞ではない「無理」に「からぬ」を付けたものなのである。いちおう「形容詞の補助活用」について説明をしておくと、文語形容詞の活用で「から・かり・○・かる・○・かれ」の語尾変化をいう。形容詞の活用は付属語との接続のし方が動詞などにくらべて不備であることから、それを補うために、連用形「く」に補助動詞「あり」の付いた「くあり」の形(「恋しくあり→恋しかり」「うれしくあり→うれしかり」など)が使われたが、それのつまったものが変化したと考えられている。

現代語ではこの形容詞の補助活用を意識する機会などほとんどないであろうし、その残存形も、「よからぬ」「少なからぬ」「遠からず」「けしからん」以外には出会う機会も少ないであろう。だとすると、その類推から生まれた「無理からぬこと」という語を意識したり、考察したりすることはまったくと言っていいほどないのではないか。

おそらくそのような事情からであろう、「無理からぬ」に似て非なる「無理なからぬ」という言い方が出現してしまったのである。あるいは、現代語でも見聞きする機会がある「〜からぬ」の一つである「少なからぬ（少なからず）」の「語尾」が「〜なからぬ」であることによる混同もあるのかもしれない。

だが、「無理なからぬ」は「無理＋無からぬ」であるから、「無理でないことはない」という二重否定となり、結局は「無理だ」の意になってしまう。つまり、当然である、もっともであるという意味の「無理からぬ」とは正反対の意味になる。

「無理なからぬ」の使用例はインターネットで検索するとけっこう見つかる。国会会議録を見ても１９４７年以降で６件見つかる。そのように思っている人もけっこういるということなのかもしれない。

だが、本来の言い方は「無理からぬ」なのである。

【結論】「無理からぬ」が本来の言い方で、これを「無理なからぬ」と言うと反対の意味になってしまうので使うべきではない。

59 まれに見る まれに見ぬ

「めったにない」を意味するのは、まれに「見る」か「見ぬ」か?

めったに見られなかったり、数少なく珍しかったりすることを「まれに見る」と言う。「最近の政治家の中ではまれに見る清廉潔白の人だ」などと使う。ところがこの「まれに見る」を「まれに見ぬ」と言う人がいる。

「まれ（稀）」は数少なく珍しいさまをいい、「まれに見る」は数少ないものを見るということで、そこからめったに見られず珍しいという意味になる。これが「見ぬ」になると、「見ぬ」は「見る」の否定形だから意味をなさない。「まれに見ぬ」と言う人は、おそらく「まれにしか見ない」という意味だと思っているか、あるいは「類を見ない」と混同して使っているのであろう。「類」は同じ種類のもののことで、「類を見ない」で同じものやことをまったく見ないという意味になる。また、「見る」と「見ぬ」で何となく発音が似ているので、あいまいに覚えているということもあるのかもしれない。

ただ、この言い方が広まっているのかというとさほどではないようで、国研のコーパスを見ても（このコーパスは「まれに見る」も「まれに見ぬ」も一つにまとめているので一つ一つ見るしかないのだが）、「まれに見る」は１３２例、「まれに見ぬ」は２例だけである。しかもこの2例はインターネットの書き込み（個人のブログ）で、書籍などには及んでいないようである。私のパソコンの日本語入力ソフトは、「まれに見ぬ」と入力しようとすると、《「まれに見る」の誤用》と表示されるので、そういったことも影響しているのかもしれない。

【結論】「まれに見る」は本来の言い方なので、ついうっかり「まれに見ぬ」と言わないように気をつけたい。

60 狐につままれる 狐につまされる

「わけがわからずぼんやりする」のは「狐」にどうされたとき?

前後の事情がわからず、ぼんやりすることを「狐《きつね》につままれる」と言う。「狐につままれたような顔をする」などと使う。ところがこれを「狐につまされる」と言う人がいる。

「つままれる」は化《ば》かされるの意味で、「狐につままれる」は狐に化かされるということから、比喩《ひゆ》表現としてぼんやりする、ボーっとするという意味になったものである。狸《たぬき》も狐と同じように人を化かすといわれているので、「狸につままれる」とも言えそうだが、私が調べた限りでは、面白いことに狸の例は一例も見当たらないのである。

一方の「つまされる」は強く心を動かされる、あるいは、わが身にひきくらべて気の毒に思うという意味である。したがってこれらを「つままれる」と交代させると意味をなさなくなってしまう。

国研のコーパスには、「つまされる」の例は1例も見つけられないのだが、国会会議録には、1954年のものだが、「狐につまされる」が1件だけ出てくる。「つままれる」「つまされる」は、発音が似ていなくもないので、口頭語のときに間違えるということなのかもしれない。

なお、コーパスと国会会議録で検索していたら、新たに「狐につつまれる」という言い方が出てきた。コーパスのものは書籍例である。コーパス以外にも使用例が見つかっているので、これらは単なる誤植とは思えない。「つつまれる」は音が「つままれる」に似ているので、ついそのように言ってしまうのかもしれないが、「つままれる」と交代できないことは言うまでもない。

【結論】「狐につままれる」が本来の言い方であるので、音が似ているからといって「つまされる」とは言わないように気をつけたい。

61 木で鼻をくくる 木で鼻をこくる

「木で鼻をくくる」は本来は誤用だった!

冷淡にあしらう、無愛想に対応するという意味で、「木《き》で鼻《はな》をくくる」と言う。「木で鼻をくくったような返事をする」などと使われる。だが、じつはこの「木で鼻をくくる」は誤用で、本来は「木で鼻をこくる」が正しい言い方だったのである。「こくる」とは「こする」の意味で、これがあやまって「くくる」と言われるようになり、やがてはそれが慣用となって定着してしまったのである。なぜそのように言われるようになってしまったのだろうか。勝手な想像だが、「くくる」の方が「こくる」よりも言いやすいということがあるのかもしれない。だが、鼻を木でこすることはできても、「くくる」すなわち木で縛り付けたり束ねたりすることはできないのである。

相手の鼻を木でこするのは、決して思いやりや温かみのある行為ではない。そこで冷淡や不愛想といった意味になるわけだが、「くくる」では意味をなさない。そういったこともあるので、「くくる」を漢字で「括る」と書くのは避けた方がよく、仮名書きにするべきであろう。

国研のコーパスでは「くくる」例は21例あるが、「こくる」は1例もない。国会会議録には、1953年のものだが、1件ある。現代語としては、「こくる」も誤りではないが、「木で鼻をくくる」が標準的な言い方と考えてよいであろう。

また、国会会議録には、「木で鼻をこする」という例が2件ある。意味としては確かにその通りなのだが、やはり「木で鼻をくくる」と言うべきであろう。

【結論】「木で鼻をくくる」は、本来は「こくる」で、「くくる」は誤用だったものが慣用として定着してしまったのであるが、現代語としては、「木で鼻をくくる」が標準的な言い方と考えてよいであろう。

62 頭ごなしに叱る 頭越しに叱る

言い分を聞かず一方的に叱るのは?

相手の言い分をまったく聞かずに、最初から決めつけたような態度をとることを「頭ごなし」と言い、そのような態度で叱責することを「頭ごなしに叱る」と言う。ところがこれを「頭越《ご》しに叱る」と言う人がいる。

「頭ごなし」の「ごなし」なのだが、じつはどういう意味なのかよくわからない。『日国』の「頭ごなし」の初出例は『善光寺御堂供養《ぜんこうじみどうくよう》』という浄瑠璃《じょうるり》の例で、成立が1718年である。

ところがこの「頭ごなし」と同じ意味で「頭下《くだ》し」という語がある。この語は、元来は水やほこりなどを頭の上から浴びせることを意味する語だった。「頭ごなし」と同じ意味で使われている最も古い用例は、『日国』によれば室町時代のもので、「頭ごなし」の例よりも古いので、「くだし」から「ごなし」へと変化した可能性も考えられる。

一方の「頭越し」は、間に立つものを差しおいて、直接働きかけることを意味し、「課長の頭越しに直接部長に提案を持ち込む」のように使う。

「頭ごなし」は現代語としては、ほぼ「頭ごなしに叱る」や「頭ごなしに言う」以外は使わない語であろう。音が似ていて意味は違うが間のものを差しおいて直接叱るということで「頭越しに叱る」という状況もありえなくはないことから、「頭越しに叱る」が生じてしまったのかもしれない。

ただ、国研のコーパスには使用例は見つからないので、さほど広まっているわけではないのかもしれない。

【結論】「頭ごなしに叱る」が本来の言い方で、「頭越しに叱る」と言うと意味も違ってしまう。

63 弓をひく 弓矢をひく 矢をひく

相手に反抗するときに「ひく」のは、「弓」か「弓矢」か「矢」か？

手向《てむ》かったり、反抗したり、敵対したりすることを「弓をひく」と言う。文字通り武器である弓に矢をつがえる（矢を弓の弦に当てる）ことから生まれた言い方である。

『日国』では、「弓をひく」は『保元《ほうげん》物語』（1220年頃か）の「兄に向って弓をひかんが冥加《みょうが》なきとは理《ことわ》り也」（中・白河殿《しらかわどの》攻め落す事）が初出例として引用されている。『保元物語』は、保元元年（1156年）に京都で起こった、皇室・摂関家《せっかんけ》の勢力争いである保元の乱を題材にした軍記物語である。文中の「兄」とは源義朝《みなもとのよしとも》のことで、義朝が対立する崇徳《すとく》上皇方についた弟の為朝《ためとも》に対して、「兄に向かって弓を引く（手向かう）のは冥加（神仏の加護）がなくなる道理であるぞ」と言っているのである。もっとも義朝・為朝兄弟の父為義《ためよし》は為朝とともに崇徳上皇方についたので、弟にそのように言っている義朝は父親に弓をひいたことになるのだが。

話が脱線したが、このようにもともと「弓をひく」で「弓」に「矢」をつがえるという意味で使われてきた。ところが、いつの間にかこれが「弓矢をひく」という

「弓」と「矢」が一緒になった言い方や、「矢をひく」という言い方がされるようになってしまったのである。

国研のコーパスでは「弓矢をひく」の使用例が書籍のもので1例ある。「弓」はひくものであり、「矢」は射たり、放ったりするものである。「弓」と「矢」を合わせて「弓矢」とも言うが、これは武器や武道の意味である。武器としての「弓矢」の場合は、「とる」と結びついて「弓矢をとる」などと言う。「弓矢をひく」と言うのは本来なかった言い方であるし、ましてやこれに反旗《はんき》を翻《ひるがえ》すという意味はない。

また、「矢をひく」は、横光利一《よこみつりいち》の『日輪《にちりん》』(1923年)に、

「片眼で山上に揺られてゐる一本の蜜柑《みかん》の枝を狙って矢を引いた」

という使用例がある。その他の使用例は国研のコーパスにはないが、インターネットで検索するといくつか見つかる。理屈を言えば、「引く」のは確かに弓とその弦につがえた(当てた)矢であるが、「弓をひく」=「射る」という言い方は古くから定着している。「矢」の慣用的な表現と言えば、「矢を射る」「矢を放つ」などであろう。

やはり慣用的に使われている「弓をひく」と言うべきで、「弓矢をひく」「矢をひく」は使わない方がよい。

【結論】実際に矢を射る意味でも、手向かったり、反抗したりする意味でも、「弓をひく」が本来の言い方である。

64 赤子の手をひねる

「たやすくできる」ことのたとえは?

「赤子」とは言うまでもなく赤ん坊のことである。か弱きものの代表であろう。その手はたやすくひねることができるので、抵抗力のないものに暴力を振るう、あるいは格別な力を用いないで、やすやすとできることのたとえとして、「赤子の手をひねる」と言う。「赤子の手」ではなく「赤子の腕」と言うこともある。また、「ひねる」ではなく「ねじる」と言うこともある。

ところがこれを「赤子をひねる」、あるいは「赤子をねじる」と言う人がいる。「赤子をひねる(ねじる)」だと手や腕ではなく、赤ん坊そのものをひねって(ねじって)しまうということになり、いくら何でもあまりにも残酷な表現となってしまう。もちろん、手や腕だったらいいという意味ではないが。

国研のコーパスを見ても、「赤子をひねる」の使用例は見当たらない。だが、ひょっとすると口頭で使おうとして、つい「手」や「腕」を忘れてしまうのかもしれない。そう思って国会会議録を検索してみると、やや古いものだが、以下のような使用例が案の定あった。

「のら犬とキツネ、こういうものがどんどん高いところへ上がりまして、繁殖している鳥をつかまえるのは、よしんば身をおおうハイマツがあっても、赤子をひねるようにすぐとらえられてしまうと思います」（1974年4月24日衆議院公害対策並びに環境保全特別委員会 - 19号）

また、「ひねる」と「ねじる」は同義語で、ともに無理な方向に回そうとするという意味である。「ひねる」は漢字で書くと「捻る」、「ねじる」は「捩る」だが、「捻る」と書いて「ねじる」と読むこともあるのでややこしい。

国研のコーパスを見ると「赤子の手をひねる」と「ひねる」を仮名書きにした例がほとんどで、後は「捻る」と漢字で書かれた例が2例あり、これは「ひねる」と読むであろうから、現在では「赤子の手をひねる」の形が「赤子の手をねじる」よりも広まっているのかもしれない。

現時点では辞書によって扱いが割れている。

「赤子の手をひねる」で立項しているもの：『大辞泉』『大辞林』『三省堂国語辞典』
「赤子の手をねじる」で立項しているもの：『明鏡国語辞典』『広辞苑』

『日国』は「赤子の＝腕を［＝手を］＝捻《ねじ》る［＝ひねる］」という形で立項している。また、『新選国語辞典』は「赤子の手を捻る」という見出し語の「捻る」に、「ねじる・ひねる」の両方の読みを示している。『新明解国語辞典』『現代国語例解辞典』は、解説に添えた例文に「ねじる・ひねる」の両形を示している。『岩波国語辞典』はやはり例文だが「赤子の手をひねる」だけである。辞書の個性が出ていて面白いのだが、どのように示すのがいいのか、検討が必要であろう。

【結論】「赤子の手をひねる」「赤子の手をねじる」が本来の言い方であるので、これを「赤子をひねる」「赤子をねじる」とは言わないように気をつけたい。

65

顔色をうかがう 顔をうかがう

相手の感情を読み取れるのは、「顔色」か「顔」か?

相手の顔の様子でその人の心の動きを察するという意味で、「顔色《かおいろ》をうかがう」と言う。「親の顔色をうかがって判断する」などと使う。ところがこれを「顔《かお》をうかがう」と言う人がいる。

「顔色」は、内心・感情が表れた表情や顔の様子のことであり、「顔」にも「顔色」の意味はあるが、この慣用句は「顔色をうかがう」が本来の言い方である。

国研のコーパスを見ると、実際に顔を見るという意味で使われた「顔をうかがう」の例もあるが、「顔色をうかがう」とするべきところを「顔を」と言っている例が数例ある。

国会会議録でも平成になってからでも11件ある。そのうちの4例が「アメリカの顔をうかがう」というところがいかにも国会会議録らしい例ではある。余計なことだが。

だが、実際に顔を見ているのか、相手の心の動きをうかがっているのか、よくわからない使用例もある。たとえば、

「それを、わざと知らんふりをしてをられるのは、久助君達が自首して出るのを待ってをられるのではあるまいか。そんなふうに思って、しらずしらず首をすくめながら、

先生の顔をうかがふこともあった」（新美《にいみ》南吉《なんきち》『川』1942年）

などのように。

一概に「顔をうかがう」が誤用と言い切れないものもあることは確かだが、相手の顔の様子でその人の心の動きを察するという意味の場合は、「顔色をうかがう」とするべきであろう。

【結論】相手の顔の様子でその人の心の動きを察する意味の場合は「顔色をうかがう」を使うべきであろう。

66 顔をつなぐ 顔をつなげる

「知り合いの関係を保つ」という意味の表現は?

誰かを他人に紹介したり知り合いになったりその関係を保ったりすることを「顔《かお》をつなぐ」と言う。「何とかしてあの人と顔をつなぐ方法はないものか」などと使う。だがこれを「顔をつなげる」と言う人がいる。「つなぐ」と「つなげる」はともに他動詞（その作用が及ぶ対象を格助詞の「を」で表すもの）であるため、文法的には「顔をつなぐ」「顔をつなげる」の形は何の問題もない。だとすると、慣用表現として「顔をつなぐ」が本来の言い方だが「顔をつなげる」を認めてもよいかということになる。ところが、たとえば『日国』を引いてみると、「顔をつなぐ」という子見出しはあるが、「顔をつなげる」はない。また、動詞「つなぐ」には、ある関係を保つ、信用などをとり結ぶという意味が記載されているのだが、「つなげる」にはそれに該当する意味はない。これらを勘案してみると、やはり「顔をつなげる」は『明鏡国語辞典』が「標準的でない」と述べている通りだと思われる。国研のコーパスを見ると「顔をつなぐ」は3例あるが、「顔をつなげる」は1例もない。「顔をつなげる」はさほど広まっていないのかもしれないが、使用は避けるべきであろう。

【結論】「顔をつなぐ」が本来の言い方なので、「顔をつなげる」とは言わないようにしたい。

67 首をかしげる 頭をかしげる

疑問に感じて「かしげる」ところはどこか?

疑問に感じたり、不審に思ったりするとき「首をかしげる」と言うが、これを「頭をかしげる」と言う人も多い。インターネットや国研のコーパスなどで検索してみると、実際の動作として頭をかたむけているという意味ではなく、疑問に思うという意味で使われた「頭をかしげる」がかなりヒットする。著名な小説家の例も見つかる。

「かしげる」は「傾げる」と書くのだが、「傾」は「傾斜」の「傾」だから、ななめにするとか、かたむけるとかいった意味である。「首」は、頭と胴をつなぐ細くなった部分のことだが、そこから上の部分、すなわち「頭」全体を指すこともある。大将の首をとったと言えば、切ったのは首の部分だが、とったのは大将の頭である。だとすると「頭をかしげる」でも意味的にはよさそうなものだが、不審に思うという慣用表現は、「首をかしげる」が本来の形で、「頭をかしげる」は本来なかった言い方なのである。したがって、やはり「首をかしげる」を使うべきであろう。

「傾げる」は「かたげる」とも読めるので、「首をかたげる」という言い方もされる。

【結論】「首をかしげる」と同じ意味で「頭をかしげる」という言い方が広まりつつあるが、本来の言い方は「首をかしげる」なので気をつけたい。

68

首を突っ込む
顔を突っ込む
頭を突っ込む

「そのことに興味を持って関係する」ために突っ込むのは、首?顔?頭?

関心や興味を持ってその事に関係することや、仲間に加わること、さらにはその事に深入りすることを「首を突っ込む」と言う。「他人のことに首を突っ込むな」などと使う。ところがこれを、「顔を突っ込む」「頭を突っ込む」と言う人がいる。

この場合の「首」は、頭と胴をつなぐ細くなった部分のことではなく、頭部全体のことである。確かに顔も頭部の一部分であるし、何かに興味を持って関係しようとする場合、顔や頭からという気もしないではないが、この場合は「首を突っ込む」が古くから使われてきた言い方である。

国研のコーパスを見ると、実際に何かのものの中に顔の部分を突っ込んでいる用例もあるが、その事に関係するという意味で、「顔を突っ込む」「頭を突っ込む」の書籍の例も散見される。「頭を突っ込む」は、寺田《てらだ》寅彦《とらひこ》のエッセイ『科学に志す人へ』(1934年)に、

「自由に次の問題に頭を突っ込んだのであったが」

という使用例がある。

このようなことから、『大辞泉』『大辞林』『広辞苑』などは、「頭を突っ込む」を認めるようになっている。だが、「顔を突っ込む」はまだ認められていない。

正しい判断だとは思うが、「首を突っ込む」が本来の言い方であることは知っておくべきであろう。

【結論】「首を突っ込む」を「顔を突っ込む」「頭を突っ込む」と言う人がいるが、「首を突っ込む」が本来の言い方である。

69 耳を覆う 耳をふさぐ 耳をそむける

強いて聞かないようにするとき、耳をどうする?

聞こえないようにする、強いて聞かないようにすることを「耳を覆う」「耳をふさぐ」と言う。「悲惨なニュースに思わず耳を覆う」「あまりにもひどい演奏に耳をふさぐ」などと使う。ところがこれを「耳をそむける」と言う人がいる。

耳は、目や口とは異なりそれ自体で、「ふさぐ・閉じる」といった機能を持たないので、そのようにするためには、手などで覆うしかない。ところが、「そむける」は「反らす」の意味である。この意味での「そむける」は、主に「顔・目・視線」などとともに使われる語で、「耳」とともに使うのはかなり無理がある。国研のコーパスを見ると「耳をそむける」の書籍の使用例が1例だけある。また、インターネットで検索するとけっこう見つかるのでかなり広まっているのかもしれない。いささか屁《へ》理屈めくが、実際の動作として「耳をそむけ」ても、方向を変える（そらす）だけなので音は聞こえてくるはずである。だから意味をなさないと言えるのではないか。

【結論】「耳を覆う」あるいは「耳をふさぐ」が本来の言い方である。「耳をそむける」は意味も違ってしまうので、使わないように気をつけたい。

70 目の玉が飛び出る 目の玉が飛び出す

びっくりしたとき、目の玉はどうなる？

びっくりして目を非常に大きく見開くことを「目の玉が飛び出る」と言う。多く、値段が高いときに用い「目の玉が飛び出るほど高い」などと使う。ところがこれを「目の玉が飛び出す」と言う人がいる。

「目の玉」はもちろん、目玉、眼球のことであるがこれが飛び出てしまうほど驚くというのがもともとの意味である。「飛び出る」と「飛び出す」は同義語なので、「飛び出す」でも意味は通じるのだが、慣用句としては「飛び出る」が使われてきた。そのため、『明鏡国語辞典』のように「目の玉が飛び出す」を「誤り」だとしている辞典もある。

だが、「目の玉が飛び出す」は広まっているようで、正岡容《まさおかいるる》の『小説　圓朝』（1943年）にも、

「これだけでも道具、衣裳、目の玉の飛び出すやうな入費だった」

とある。国研のコーパスでも「目の玉が飛び出す」が2例見つかる。しかもいずれも書籍例である。また、国会会議録でも、平成になってから2件ある（1件は「目ん玉」）。

また、「目の玉」ではなく「目玉」で、「目玉が飛び出る」「目玉が飛び出す」と言う人もいる（実際に眼球が出てしまう意味ではない）。国研のコーパスでも「目玉」とした書籍の使用例がわずかではあるが見つかる。これは国会会議録にもある。「目の玉が飛び出る」の変形の「目玉が飛び出る」を誤用と考えるかどうか難しいところであるが、いずれにしても「目の玉が飛び出る」とするのが無難であろう。

【結論】「目の玉が飛び出る」が本来の言い方で、文章の中ではこちらを使うべきである。

71

口をつぐむ
口をつむる
口をつむぐ

「口を閉ざして何も言わない」という意味の表現は？

口を閉じて何も言わないことを「口をつぐむ」と言う。「途中まで言いかけて、あわてて口をつぐむ」などと使う。ところがこれを「口をつむる」と言う人がいる。「つぐむ」と「つむる」はともに「閉じる」の意味を持つ類義語なので、「つむる」と言ってしまうのは、類義語の混同から生じたためなのかもしれない。

ただ、基本的には「つぐむ」は「口」と、「つむる」は「目」とともに使われ、それぞれ「口をつぐむ」「目をつむる」で慣用句となっている。

だが、「口をつむる」の使用例がまったくないかというとそういうわけではない。『日国』の「つむる」の項では、小林多喜二《こばやしたきじ》の『一九二八・三・一五』（1928年）から、

「斉藤に云《い》はれて、その労働者は口をつむんでしまった」

という例を引用している。これ以外にも国会会議録や国研のコーパスには少数ながら「口をつむる」の例が見られる。だが、やはりおおかたが正しいと感じる「口をつぐむ」を使うべきであろう。

なお、個人的な印象だろうが、「つぐむ」という語は何となく口に出して言いづらい。つい「つむぐ」と言ってしまいそうになる。だが言いにくいと感じるのは私だけではなかったらしい。驚いたことに、『日国』には「つむぐ」という項目が立項されているのである。『日国』の説明によればこの「つむぐ」は「つぐむ」の変化した語とある。

そこには黙るの意味で「口をつむぐ」の使用例が2例引用されている。そのうちの1例は、

「お村は初めてホッと息を吐いて口を噤《つむ》いだ」（青木健作《あおきけんさく》『虻《あぶ》』1910年）

という例である。口を閉じるという意味の例も引用されているのだが、それは近松《ちかまつ》門左衛門《もんざえもん》作の浄瑠璃『唐船噺今国性爺《とうせんばなしいまこくせんや》』（1722年）のものである。

「歯を食いしばって口つむぎ」

とある。国会会議録では「口をつむぐ」の使用例がけっこう見つかる。ごく最近のものでも、

「私が伺っているのは、なぜ国民が疑惑を持っているのか。それは、記憶がなくなり、記録がなくなり、政権側にいる人たちはみんな口をつむぐからです」（2017年7月25日参議院予算委員会 - 閉1号）

などがそれである。口頭語では「つむぐ」はかなり広まっているのかもしれない。

「つむぐ」は間違いだとは言えないようだが、やはり「つぐむ」が本来の言い方である。

【結論】「口をつぐむ」が本来の言い方であるので、「口をつむる」あるいは「口をつむぐ」とは言わないように気をつけたい。

72 あごを出す あごが出る

「あご」を使った、疲れ切ったときの言い方は?

疲れ切ってどうにもならない状態になることを「あごを出す」と言う。「登り坂が続いてあごを出す」のように使う。だがこれを「あごが出る」と言う人がいる。「あご」はもちろん顔の一部の「顎」のことである。「あごを出す」と「あごが出る」は後に続く動詞が違うのだが、「出す」は他動詞、「出る」は自動詞という対応関係にある。これらを慣用的な表現としてではなく文字通りの意味として考えてみると、それぞれの違いは以下のように解釈できるであろう。「あごを出す」=意図しているかどうかは別として、あくまでも自分の行為としてあごを出すということを表した意味。「あごが出る」=自分の意識などとはまったく無関係に、勝手にあごが出てしまうということを表した意味。たとえば、長い間歩いて疲れると、自分の行為として腰がひけてあごが出る格好になると考えられるので、やはり「あごを出す」と言う方が自然であろう。「あごが出る」は、疲れてきて、勝手にあごが出てしまうという感覚から生じた言い方であろうが、適切ではない。ただし、他人の状態について言う場合、たとえば「あいつ、疲れてあごが出てるぜ」などという使い方は可能と思われる。

【結論】自分自身が疲れ切っている場面では、「あごを出す」と言うべきである。

73

体を壊す
体調を崩す
体調を壊す

「体調を壊す」という言い方は正しいか?

病気になったり体の具合が悪くなったりしたとき、「体を壊す」「体調を崩す」と言う。「体を壊してしばらく休職する」「遅くまでの残業が続いて体調を崩す」などと使う。「体を壊す」の「壊す」はもとの機能をだめにするという意味であるから、「体」に続くのが自然であろうし、「体調を崩す」の「崩す」は安定した状態を乱したり、悪くしたりする意味であるから、「体調」に続くのが自然であろう。したがってこの二つの慣用表現は違和感なしに使われていると思われる。

ではその混同で生じたと思われる「体調を壊す」はどうであろうか。前述したように「壊す」はもとの機能をだめにするということであるから、「体調」という状態を表すことばと結びつけると、不自然に感じられるであろう。

ところが実際には、「体調を壊す」を使う人もけっこういる。国研のコーパスでも「体調を壊す」は17例ある。本来の言い方の「体調を崩す」は256例なので、まだ少数ではあるが。ただコーパス以外にも、「体調を壊す」は書籍での使用例が見つかっているので、使っている人がある程度いることは間違いない。

なお、蛇足ではあるが、「体」と「崩す」が結びついた「体を崩す」という言い方はどうであろうか。この場合の「体」は「からだ」とも「たい」とも読み、「体勢を崩す」という意味に近い。従ってこれを「体を壊す」の意味で使うのは不自然である。

【結論】「体を壊す」「体調を崩す」が本来の言い方であり、その混同と思われる「体調を壊す」は意味から考えても不自然なので、使用を避けるべきであろう。

74 凄絶な副作用 壮絶な副作用

「壮絶な副作用」は起こりえるか…?

まず「凄絶」と「壮絶」の読みについてである。「凄絶」は「せいぜつ」、「壮絶」は「そうぜつ」と読む。また意味は、「凄絶」はたとえようもなくすさまじいという意味であるのに対して、「壮絶」は極めて勇ましい、壮大、意気盛んといった意味である。つまり、「凄絶」と「壮絶」は読みも意味もまったく違う語なのである。

表題の「壮絶な副作用」というのは、実際に国研のコーパスにあった実例である。これだと壮大で意気盛んな（薬の）副作用ということになってしまう。そのようなことなどありえないので、明らかに間違えて使っていることになる。

なぜこのような勘違いが生じるのか。「凄絶」も「壮絶」も「死」そのもの、または「死」を連想させる語彙《ごい》とともに使われることが多く、音が似ていることもあって、混同してしまうのかもしれない。

国研のコーパスを見ても、「壮絶な…」で表現されるものは、多い順に、「戦い／最期／バトル／死／光景／試合／破壊／殉職《じゅんしょく》／死闘／戦死／ドラマ」などとなっている。異論があるかもしれないが、「戦い」「最期」「バトル」「殉職」「死闘」「戦死」は、意味は異なるものの「凄絶」「壮絶」のどちらも使えそうである。

一方、「死」「光景」「ドラマ」などは、「凄絶」の方がしっくりきそうである。コーパスでは「凄絶な」に続く語は、「音楽」もあれば「時代」「美女」もあってかなり幅が広い。

なお、コーパスを見ると

「白血球と尿酸ナトリウムの結晶の壮絶な戦いが、痛風発作だといっていいのです」

(巌琢也『痛風』2005年)

のように、「壮絶な戦い」ではあるが、「白血球と尿酸ナトリウムの結晶」の戦いでは何が「壮絶」なのかわからない用例も見受けられる。

意味を考えずに使うと思わぬ落とし穴が待っているということを、肝に銘じておくべきであろう。

【結論】「凄絶」と「壮絶」は読みも意味も違うのだが、混同して使われることが少なくない。特に本来「凄絶」と言うべきものを「壮絶」と言っているケースが見られ、意味をしっかりと理解して使い分けるべきである。

75 碁を打つ 碁を指す

碁は「打つ」ものか「指す」ものか?

「碁《ご》（囲碁）」は、盤上に描かれた縦横各19本の線によってできる交点（目）の上に、黒と白の石を交互に並べていき、地《じ》と石を多く取った方を勝ちとする遊戯である。中国から伝わり、日本でも平安時代には行われていたらしい。

この遊戯を行うことを「碁を打つ」と言う。その用例は古く、『日国』には平安時代の『古今《こきん》和歌集』『宇津保《うつぼ》物語』『源氏物語』の例が引用されている。たとえば『古今和歌集』の例は、選者の一人であった紀友則《きのとものり》の歌の詞書《ことばがき》で、「つくしに侍《はべ》りける時に、まかりかよひつつごうちける人のもとに」というものである。筑《つく》紫《し》におりましたときに始終出かけて行っては碁を打っていた友人の許《もと》に、といった意味である。

だが、実のところなぜ「碁を打つ」と「打つ」なのかはよくわからない。石を置くという動作が、「打つ」の語義にかなうからなのであろうか。「碁」は「囲碁」とも言うため、「囲碁を打つ」と言うこともある。

ところが次項でも述べるが、同じ盤上で行う遊戯である「将棋《しょうぎ》」は「指す」と言う。この「将棋を指す」と混同して、「碁を指す」と言う人がいるようである。吉川英治の『三国志』(1939~43年)には、他はすべて「打つ」なのに、1例だけ「碁をさす」がある。国会会議録にも「碁(囲碁)をさす」と言っている例が1件ある。もちろん「碁」は「打つ」と言うべきである。

【結論】「碁」をするのは、「碁を打つ」と言うのが正しい。

76 将棋を指す 将棋を打つ

将棋は「指す」ものか「打つ」ものか?

まずは以下の文章をお読みいただきたい。国会会議録で検索したある議員の発言である。

「囲碁を打つ人とか将棋を打つ人で筋が悪いと言われると、ごり押しでいくような政策を意味するんですけれども」（2007年11月16日衆議院厚生労働委員会 - 7号）

冒頭の「囲碁を打つ人とか将棋を打つ人」という部分に注目していただきたい。「囲碁（碁）」の後接語は「打つ」が適切であるということは前項で書いた。だが、「将棋」はどうなのであろうか。

「将棋」は、盤上に配置された駒をルールにしたがって交互に動かし、相手の王将を早く詰めた者を勝ちとする遊戯である。インドで起こり中国から日本に伝わったと考えられているが、「将棋」が文献に現れるのは平安時代からである。

この「将棋」を行うことは、「将棋を指す」と表現されてきた。ただ、「将棋を指す」の用例は『日国』によれば室町時代以降である。『日国』では、荒木《あらき》田《だ》守武《もりたけ》が1540年に伊勢大神宮に奉納した独吟千句《どくぎんせんく》集である『誹諧《はいかい》之連歌（飛梅《とびうめ》千句）』（1540年）の、

「かものけいばに袖はぬれけりしゃうきさすののみや人に雨ふりて」を、初出例として引用している。「かものけいば」とは、京都の賀茂別雷《かもわけいかずち》神社（上賀茂《かみがも》神社）で、五月五日に行われる馬術競技のこと。「ののみや人」は「野の宮人」のことで、斎王《さいおう》（天皇即位のとき、伊勢神宮や賀茂神社に天皇の名代《みょうだい》として遣わされた未婚の内親王または女王）が身を清めるために一定の期間こもる殿舎を野の宮と言うのだが、そこでの斎王の生活を維持し、祭式をたすけるために奉仕する人のことである。もちろんこれより古い用例がないからと言って、それ以前に「将棋を指す」と言わなかったということにはならない。

冒頭の国会議員のように「将棋を打つ」と言ってしまうのは、「碁を打つ」との混同であろうが、その前に「囲碁を打つ」と言っているので、勢いで「将棋」も「打つ」と言ってしまった可能性もあるかもしれない。だが、国会会議録にはこれ以外にも「将棋を打つ」と言っているものが9件もある。国会議員の間では、「将棋」は「打つ」ものであるなどということはないと信じたい。国研のコーパスでは「将棋を打つ」の使用例は見つけられないが、広まっていることは確かであろう。

ただ、「将棋」で「打つ」と言わないかというとそういうわけではなく、手持ちの駒を盤上に置くことは「打つ」と言う。「香車《きょうしゃ》を王の頭に打つ」などのように。

ただ、将棋をやることを示す動詞は「打つ」でなく「指す」なのである。なぜ「指す」なのかはよくわからない。勝手な想像だが、盤上の駒を動かす行為がそのように感じられるということかもしれない。

前項とあわせて、「将棋」は「指す」、「碁」は「打つ」と言うと、しっかり覚えておきたい。

【結論】「将棋を指す」が本来の言い方である。

77 一句(を)ものする 一句(を)ものにする

俳句などを一句作り上げることを、何と言う?

俳句などの一つの作品を作り上げることを「一句《いっく》(を)ものする」と言う。「美しい花を見て一句(を)ものする」などと使う。ところがこれを「一句(を)ものにする」と言う人がいる。

「ものする」は、名詞「もの(物)」にサ変動詞「する」の付いてできた語で、ある動作をそれと明示しないで婉曲《えんきょく》に表現するのに用いる。古語では「ある」「居る」、また「行く」「来る」、「言う」「食う」「与える」「書く」など、何かを行うという意味で用いられていた。しかし、現代語では「書く」という意味だけが残り、「一句(を)ものする」「傑作をものする」などの形で、詩や文章などを作り上げるという意味で使われることが多い。

一方、「ものにする」は、成功する、完遂する、完成させるという意味を持ち、「ものする」と意味が多少重なっている。さらに音も「ものする」と似ていることもあって、「一句(を)ものにする」と言う人もいるのであろう。だが、「一句(を)ものする」が本来の言い方である。

ただ、「一句(を)ものする」は普通に使われる表現ではないため、国研のコーパスにはその誤用と言える「一句（を）ものにする」は出てこない。
おそらく日常語ではないためであろうが、使用には注意が必要な語である。

【結論】「一句（を）ものする」が本来の言い方なので、「一句（を）ものにする」とは言わないようにしたい。

78 知遇を得る 知己を得る

「能力などを評価されて厚遇される」という意味は、どっち?

人格・能力などを評価されて、厚く待遇されるようになることを「知遇《ちぐう》を得る」と言う。「イギリスに滞在中高名な学者の知遇を得る」などと使う。ところがこれを「知己《ちき》を得る」と言う人がいる。

「知遇」と「知己」、文字列は似ているが、意味はまったく異なる語である。「知遇」は、人格や能力を認められて与えられる厚遇の意味であるが、「知己」は、自分をよく理解している人間のこと、知り合いのことである。「知己」も「知己を得る」という言い方をするが、これは単に知人や親友ができるという意味である。たとえば末広《すえひろ》鉄腸《てっちょう》の政治小説『雪中梅《せっちゅうばい》』(1886年)にある、「同志の少《すく》なき今日に於《おい》て、巾幗《きんかく》中に一の知己を得たるは」などは、知人ができたという意味である。「巾幗」は中国で女性が飾りとして髪を覆っていたものをいい、転じて、女性のことである。

「知遇」も「知己」も日常語とは言えないことから、意味をあまり考えずに使用したために「知遇を得る」と「知己を得る」を混同するようなことが生じてしまったのかもしれない。

国研のコーパスを見ると「知遇を得る」は28例あり、これらはおおむね人格・能力などを評価されて厚遇されるという意味で使われている。ところが、「知己を得る」は18例あるが、「知遇を得る」とするべき例がかなり見られる。たとえば、

「モーツァルトは神童といわれた時代にすでに（１７６８年）ウィーンで男爵と知己を得ていたが、成人してからザルツブルクの司教と喧嘩して、ウィーンで自活の道を選んで間もなく、再び出会って、懇意《こんい》になり贔屓《ひいき》にされた」（田中重弘『モーツァルト・ノンフィクション』１９９１年）

などは、「知遇を得る」の方がしっくりくるであろう。文中の「男爵」とは、スヴィーテン男爵という名のオーストリア政府の要人で、ウィーン時代のモーツァルトのよき理解者であり後援者だった人物である。単なる知り合いではない。

【結論】能力などを評価されて厚遇されるのは「知遇を得る」が本来の言い方で、これを「知己を得る」と言うと、意味が違ってしまうので、気をつけなければならない。

79

符節を合わせる
符丁を合わせる

「二つのものがぴったり一致する」という意味の表現は?

二つのものがぴったり一致することを「符節《ふせつ》を合わせる」と言う。「彼らの報告はまるで符節を合わせたようであった」などのように使う。ところがこれを「符丁《ふちょう》を合わせる」と言う人がいる。「符節」と「符丁」は似ているもののようだが、まったくの別ものである。

「符節」は、木片や竹片などの中央に証拠となる文字を記したり、証印を押したりして、それを二つに分割し、当事者どうしが別々に所有して、後日その半分ずつを合わせて正当な当事者であることの証拠としたものである。割り符、割り札などとも言う。一方の「符丁」は「符牒」「符帳」などとも書き、商人が、商品につけて値段を示す印や符号、あるいはその仲間だけに通じることば、つまりあいことばのことをいう。ぴったり一致するという意味を表しているのだから、間違いなく「割り符」すなわち「符節」が正しいのである。

ところが中里介山《なかざとかいざん》は長編小説『大菩薩峠《だいぼさつとうげ》』(1913~41年)の中で、「部落の屋根が三々五々に見おろせることだけは、夢と符牒を合わせているようなものだが」(農奴の巻)

と使っている。また、国研のコーパスを見ると「符丁を合わせる」が2例見つかる。国会会議録を見ても、平成になってからでも発言の中に14件も「符牒を合わせる」が出てくる。

「符節」ということば自体あまりなじみがなくなり、何となく似ている「符丁（符牒）」をうろ覚えで使っているということなのであろうか。だが、明らかに誤った使い方である。

【結論】「符節を合わせる」が本来の言い方で、「符丁を合わせる」は誤った使い方なので、そのように言わないよう気をつけたい。

80

ふりの客
フリーの客

「紹介や予約なしで来る客」は、どっち?

「ふりの客《きゃく》」という語がある。紹介や予約なしで店に来る客のことを言うのだが、この「ふり」を英語の「フリー(free)」だと思っている人がいるらしい。文章に書くときは「フリー」とは書かないまでも、「フリ」と片仮名で書く人もいる。

確かに音は似ていなくもないが、この「ふり」はもちろんれっきとした日本語である。動詞「ふる(振る)」が名詞化して「ふり」となったものだと考えられている。ただし、なぜ「振る」が名詞化してこのような意味となったのか、じつはよくわかっていない。『日国』によれば、この「ふり」が使われるようになったのは近世以降のことで、料理屋、旅館、茶屋、遊女屋などでの用語だったらしい。

『日国』では、この意味の「ふり」の例として、

「どれでもどれでもふりに呼ばれし新造の」

という歌謡の『松の葉』(1703年)の例を最も古い用例として引用している。

ただし、現在では「フリーの客」がすべて間違いかというとそうではない。束縛や制約などがない客だとか、どこにも所属していない客だとかいうような意味の場合は、「フリーの客」という言い方もありえるので注意が必要である。

ちなみに「ふり」と意味の似ている語に「一見《いちげん》」がある。上方《かみがた》の遊里で生まれた語で、もともとは遊女が初めてその客の相手をすることをいったが、後に一般の町家にまで広まり、なじみのない初めての客をいうようになる。こちらは、英語に間違えられることはないであろう。

【結論】「ふりの客」の「ふり」はれっきとした日本語で、英語の「フリー」ではない。

81 夜を日に継ぐ 夜に日を継ぐ

「昼も夜も続けて物事をする」という意味の表現は?

昼夜の別なく続けて物事をすることを「夜《よ》を日《ひ》に継《つ》ぐ」と言う。「夜を日に継いで働く」などと使う。ところがこれを「夜に日を継ぐ」と言う人がいる。たとえば、牧野信一の『ピエル・フォン訪問記』(1930年)に、

「曾《かつ》て藤屋氏が町の歌妓《かぎ》に想ひを寄せて夜に日を継いで、この径《みち》を通ひ詰めた頃の事などを回想した」

という使用例がある。

「夜を日に継ぐ」というのは、昼の時間に、夜の時間まで付け足すという意味である。だが、「夜を日に」と「夜に日を」とでは、格助詞「を」と「に」がひっくり返っているにもかかわらず、夜と昼をつなげて(ことを行う時間に充てる)という指し示す内容の実質は大きく変わらないため、「夜に日を継ぐ」という言い方が生じてしまったのかもしれない。

『大辞泉』の「補説」では、さらに別の語形である「日を夜に継ぐ」は誤りだとしている。もちろんこれは慣用句としての語形(語順)が違うわけである。だが、さらに理屈を言うなら、何か物事を行う時間は普通は昼が主で、それ(昼)に加えて夜まで

をもつなげて（頑張る）ということが「夜を日に継ぐ」の意味で、これを夜の時間に昼の時間まで付け足すというと、意味が違ってしまうわけである。だから「夜に日を継ぐ」も同じ意味で不適切だということになる。

なお、この表現の「夜」は「よ」と読むべきであろう。

【結論】「夜を日に継ぐ」が本来の言い方で、これを「夜に日を継ぐ」と言うのは適切な言い方ではない。

82 上を下への大騒ぎ 上や下への大騒ぎ

入り乱れて混乱するさまは、「上を下へ」か「上や下へ」か?

入り乱れて混乱するような大騒ぎのことを、「上《うえ》を下《した》への大騒ぎ」と言うのか、「上や下への大騒ぎ」と言うのかという問題である。「上」の後にくる助詞が「を」か「や」かということなのだが、正解は「を」である。だが、間違えて「や」だと覚えている人がけっこういるようである。

文化庁が行った2015年(平成27年)度の「国語に関する世論調査」でも、「上を下への大騒ぎ」を使う人が22・5%、「上や下への大騒ぎ」を使う人が60・8%と、逆転した結果が出ている。しかも「上や下への大騒ぎ」を使うという人の割合は年齢が高くなるとともに高くなり、20代以上で5割を超え、60歳以上では何と6割台半ばに達するのである。同世代の人間としては非常に気になる結果である。

「上を下へ」というのは、元来は、上のものを下にし、下のものを上にするという意味の「上を下へ返す」から生まれた言い方である。そこから、入り乱れて混乱するさまという意味になる。決して慌てふためいて〝上や下へ〟行くわけではない。

もともとの「上を下へ(に)返す」の用例は、保元《ほうげん》元年(1156年)に起こった保元の乱の顚末《てんまつ》を描いた『保元物語』(1220年頃か)や、鎌倉末から南北朝時代を

描いた『太平記』（14世紀後）などの軍記物語によく見られる。たとえば、『日国』に引用されている『保元物語』の例は、

「御所中の兵共、上を下に返してあわてさわぐ」（『金刀比羅本《ことひらぼん》保元物語』中・白河殿《しらかわどの》へ義朝《よしとも》夜討ちに寄せらるる事）

というものである。戦闘の混乱の場面を描いた部分である。

この「上を下へ返す」がのちに「上を下へ」とか「上を下」のように使われるようになるのである。現在では「上を下」の形で使われることはほとんどないのだが、たとえば『日国』では、万治《まんじ》・寛文《かんぶん》年間（1658～73年）に仙台の伊達《だて》家で起こったお家騒動を扱った浄瑠璃『伽羅先代萩《めいぼくせんだいはぎ》』（1785年）の例を引用している。少し補って示すと、

「何かは知らず国元より早馬《はやうま》、早駕籠《はやかご》上を下。何分《なにぶん》殿様が御座なくてはと存息《ぞんじ》を切《きり》て立帰《たちかえ》ると」

という部分である。国元（仙台）から早馬、早駕籠が来て上を下へと大騒ぎしているということである。

「上を下へ」は、もとの形は「上を下へ返す」からだと覚えていれば、間違えることはないかもしれない。

【結論】「上を下への大騒ぎ」の「上を下へ」を「上や下へ」だと思っている人が増えてい

るが、間違った言い方なので、「上を下へ返す」という言い方から生まれた語だということを覚えておくとよいであろう。

column 2

〝コロケーション破り〟の作家たち

『日国』のような用例主義の辞典では、ことばの実際の使用例をもとに見出し語を立てたり、ことばの意味を記述したりしている。そこで示される使用例は、ある程度評価された文学作品や評論文などからのものが多い。もちろん、すべての文学作品や論文に目を通しているというわけではないのだが。

だが、せっかく見つけた使用例ではあるが、すべてを採用するわけではない。たとえば、それよりも古い例がすでに他の作品から見つかっている場合。わかりやすい例だと思いつつも、泣く泣く不採用にするしかない例はかなりある。

また、いわゆる誤用と言われている使用例もそれである。

本書では本来の言い方とされるものと、本来の言い方ではないとされるものを対比させて解説しているが、いわゆる誤用とされる例を各項目の中で積極的に示すことはしていない。そうすることは本書の目的ではないからである。

ただ、さまざまなデータを使ってことばの使用例を実際に見ていると、コロケーションに限った場合でも、本来誤用とされるものをかなり自由に使っている作家がいることに気づく。そこでコラムを設けそのことに少しだけ触れておこうと思う。

私がそうした作家を見つけたのは主に「青空文庫」からである。

それらの中で特に目にとまった作家が、２人いる。中里介山《なかざとかいざん》と宮本百合子《みやもとゆりこ》である。あくまでも私の印象なので、この２人が特にそうした傾向が強いと言えるのかどうかわからないが、おや？　と思うとどちらかの例が含まれていたのである。

私はこれを〝コロケーション破り〟と呼んでみた。だが、誤解のないようにあらかじめ断っておくと、この２人を貶《おとし》めようとか批判しようとかいう意図はまったくない。２人が意識してそのような使い方をしたのか、あるいは単に思い違いをしていただけなのか、理由はまったくわからない。だが、かなり融通無碍《ゆうずうむげ》とも思えることば遣いは、真似はしない方がよさそうではあるが、ことば遣いとは本来どういうものかということを考えさせる格好の材料になるような気がするのである。

まずは中里介山だが、介山は１９１３年（大正２年）から「都《みやこ》新聞」で連載を開始した『大菩薩峠《だいぼさつとうげ》』という大作で有名である。１８８５年（明治18年）神奈川県西多摩郡（現、東京都）の生まれで、太平洋戦争中の１９４４年（昭和19年）

に没している。この『大菩薩峠』の他、いくつかの作品が「青空文庫」に収録されている。

中里介山の〝コロケーション破り〟の使用例だが、以下のようなものがある。

●「火を見るより（も）明らか」に対する「火を見るように明らか」の例

本文でもすでに引用している例ではあるが、

「この本館も、御殿も、彼ら暴民ども一炬《いっきょ》に付されるか、山寨《さんさい》の用に住み荒されることは火を見るように明らかである」（『大菩薩峠』京の夢おう坂の夢の巻）

●「予防線を張る」に対する「予防線を引く」の例

「刃《やいば》の音を聞いて駈けつける者のなかには、よけいなお節介《せっかい》が飛び出さんとも限らぬ、この札を立てて、あらかじめ予防線を引いて、一方が一方を片附けるか、双方ともに仆《たお》れるかまで、無名の師《いくさ》をやり通そうという準備であろう」（『大菩薩峠』壬生《みぶ》と島原《しまばら》の巻）

●「知遇を得る」に対する「知己を得る」の例

「世上すべて無理解の中にあって、かりそめにもこういう知己を得たということ

が、百万の味方を得たと同様な勇気になって、いちいち先生先生と道庵の意見を仰いだものですから」(『大菩薩峠』弁信《べんしん》の巻)

●「弓をひく」に対する「矢をひく」の例

『大菩薩峠』以外の例だが、

「わしはもう老病で遠くはあるまい。対面も今日が限りだろう。お前も罪悪深《しん》重《じゅう》の人であるから必ず念仏をして、わしと同じ様に浄土へまいるようになさい。仮令《たとい》鹿鳥を食べる時にも念仏を噛《か》みまぜて申すがよい。たとい敵に向って矢を引くとも念仏を捨ててはならない」(『法然行伝《ほうねんぎょうでん》』1933年)

ただし、「矢をひく」の例は横光利一《よこみつりいち》や中里恒子《なかざとつねこ》の例もある。

次に宮本百合子である。宮本百合子は1899年(明治32年)に東京で生まれ、日本女子大学在学中に『貧しき人々の群』で人道主義作家として文壇に出た。昭和初期にモスクワに滞在し、帰国後、日本共産党に入党、宮本顕治《けんじ》と結婚して、プロレタリア文化運動に加わる。『伸子《のぶこ》』『風知草《ふうちそう》』『播州平野《ばんしゅうへいや》』『道標《どうひょう》』などの作品がある。1951年(昭和26年)没。

『宮本百合子全集』（1979～81年　新日本出版社）所収の諸作品が「青空文庫」に収録されている。

以下のような例がある。

●「疑問を呈する」に対する「疑問を示す」の例

「一九三八年（昭和十三年）一月から中野《なかの》重治《しげはる》と私と他に数人の評論家が、思想傾向の上から内務省として執筆させることを望まない、という表現で、事実上の執筆禁止をうけた。

その前後から雑誌や単行本に対する取締りがひどくなって、少しでも日本の軍事行動に対して疑問を示したり、戦争によって人民生活が不安にされて行くことをとりあげた文章は禁止された」（『宮本百合子選集』第五巻　あとがき　1948年）

●「口火を切る」に対する「口火を付ける」の例

「なぜなら、国連に参加している国々の内部にも、第三次世界大戦の口火をつけようとして公然戦争を挑発している人たちがいるのである」（『世界は求めている、平和を！』　1951年）

●「耳を覆う」「耳をふさぐ」に対する「耳をそむける」の例

「自分の生活を純粋なものにしたい望《のぞみ》を持って、或《あ》る人は、あらゆる今日の問題から、耳をそむけている」(『一粒の粟』1920年)

●「念頭におく」に対する「念頭に入れる」の例

「学生は労作も能率も浮かす分を念頭に入れず、純奉仕的だからうるさいのよ、きっと」

(『獄中への手紙 一九四四年(昭和十九年)』)

校閲や校正を専門とされている方たちは、これらのような誤用とされる使用例を原稿やゲラ上で見つけた場合、どのように対応するのであろうか。当然のことながらほとんどの方は、誤用である旨逐一指摘していくに違いない。それが校閲や校正の最も大切な仕事の一つであろうから。また、ことばの使い方を一定の考えのもとに統一していかなければいけないということもよくわかる。本になったときに、そこでのことばの使い方が気になって文章が読み進められないという読者が大勢出てきてしまう可能性もあるだろうから。

だが、長年日本語の変化を追った辞典とかかわってきた者としては、こうした作家のことばの使い方を、掟《おきて》破りだとは思っても、すべてが誤用だとは思えないのである。あえて批判を覚悟で言うと、このような自由気まま（?）に使われていることも含めて、日本語そのものなのだと思ってしまうのである。

PART 3

じつは「どっちも正しい」日本語

83

微に入り細を穿つ
微に入り細にわたる
微に入り細に入り

本来の言い方は「穿つ」だが、バリエーションも多い

極めて細かな点にまで気を配ることを「微《び》に入《い》り細《さい》を穿《うが》つ」と言う。「今回の事件について微に入り細を穿った説明がある」などと使う。ところがこれを「微に入り細にわたる」「微に入り細に入り」と言う人がいる。

「微に入り細を穿つ」の「穿つ」は、もともとは穴を掘る、突き通すという意味であるが、これから細かい点まで触れる、言い表すという意味になったものである。

一方の「微に入り細にわたる」の「わたる」には、広がる、及ぶ、通じるといった意味があるので、細かいところにまで観察や考察を及ぼす、広げるという意味だと解釈して、「微に入り細にわたる」という言い方が生まれたのであろう。「微に入り細にわたり」「微に入り細にわたって」の形で使われることが多い。これのバリエーションと考えられるのが「微に入り細に入《い》り」で、語尾は終止形ではなく「入り」と連用形で使われることが多い。

「微に入り細を穿つ」が本来の言い方とされているため、『日国』では、「微に入り細を穿つ」のみ立項していて、矢田《やだ》挿雲《そううん》の『江戸から東京へ』（1921年）の例を最も

古いものとして引用している。

「神社仏閣、名所旧跡の微《び》に入《い》り細《さい》を穿《うが》ちて考証研覈《けんかく》せるのみならず」

だが、辞典によっては「細にわたる」「細に入り」のバリエーションを認めているものがある。たとえば『大辞林』は「微に入り細に入り」を立項している。また『大辞泉』も立項こそしていないが、「微に入り細を穿つ」の項目で、同義語として「微に入り細に入り」を加えている。

さらに『大辞林』は「微に入り細に入り」の解説の中で、「微に入り細にわたって」を同義語として挙げている（ただし「微に入り細にわたって」は立項していない）。「穿つ」と「入り・わたる」とでは意味が違うので、それぞれがまったく同じ意味とするのは難しい気もするが、「入り」と「わたる」はそれぞれ「細かいところへ入り込む／及ぶ」という意味にとれ、交代可能に思える。実際、「微に入り細にわたる」「微に入り細に入り」の使用例はけっこう多い。

「微に入り細にわたる」は、坂口安吾《さかぐちあんご》の『お喋り競争』（1936年）に、

「牧野信一の自殺に就《つい》て微に入り細にわたり、あることないこと取りまぜて立板《たていた》に水を流すやうにまくしたてた」

という使用例がある。

「微に入り細に入り」の例は和辻哲郎《わつじてつろう》『古寺巡礼』（1919年）に、

「線の現はす気分が微に入り細に入って現はさざる所なきまでに発達して行く間に」とある。

「微に入り細を穿つ」が本来の言い方ではあるが、バリエーションも多い言い方ということなのかもしれない。

【結論】「微に入り細を穿つ」が本来の言い方ではあるが、「微に入り細にわたる」「微に入り細に入り」も同じ意味のバリエーションの一つだと考えていいだろう。

84

的を射る 的を得る

「的を得る」を許容する動きは広まっていくか

的確に要点をとらえることを「的《まと》を射る」と言うが、これを「的を得る」と言う人がいる。国語辞典では、「的を射る」が正しく、「的を得る」は「当《とう》を得る」との混同で誤用とするものが多いのだが、私自身は「的を得る」が本当に誤用なのかという疑問を持っている。

と言うのも、「的を得る」の例がけっこう見つかっているからである。『日国』でも、高橋和巳《たかはしかずみ》の小説『白く塗りたる墓』（1970年）の例が引用されている。

「よし子の質問は実は的をえていた」

というものである。

国研のコーパスを見ても、「的を射る」は61例であるが、「的を得る」は17例である。数が増えれば認めるというわけではないのだが。

国会会議録で検索すると「的を得る」は228件ヒットする。「的を射る」が61 6件なので、まだまだ「的を射る」が多いとは言えるが、「的を射る」は昭和（22年～63年）と平成・令和との使用状況を見ると、ほぼ半々なのに対して、「的を得る」は77％が平成になってからのものである。当然のことながら「的を得る」は新しい言い方ではあるが、口頭語でかなり広まっているということかもしれない。

「的を得る」と似たようなことばに「正鵠《せいこく》を得る」がある（85ページ）。要点、核心をついているという意味である。この語は漢籍の『礼記《らいき》』に見える「正鵠を失わず」からきているのだが、「正鵠」とは的の真ん中にある黒点の意で、要所・急所の意となる。「失わず」だから、後に意味の同じ「得る」となったわけである。

「的を得る」が「的を射る」と「当を得る」との混同ではなく、「正鵠を得る」から生じた言い方だとすると、「正鵠」は的の中心なのだから、その部分が「的」という語に交代しても不自然ではない気がする。

「的を得る」は誤用だと考えている人は多いであろうし、私もそのような考え方にあえて異を唱えるつもりはない。だから、『三省堂国語辞典』の第7版で他の小型の国語辞典に先駆けて「的を得る」を子見出しとして立項したときは正直驚いた。いかにも『三国』らしい一つの見識だと思うが、他の辞典すべてに追随してもらいたいとは思わない。ただ、これをきっかけに「的を得る」をどのように考えるのか、各辞典で検討に入ってもらいたいとは思うのである。


【結論】「的を射る」が本来の言い方ではあるが、従来なかった「的を得る」をどう考えるのか、もっと検討するべきなのではないか。

85

二の舞を演じる
二の舞を踏む
二の舞になる

「二の舞を演じる」以外は誤用と言えるのか？

前人の失敗を繰り返すことを、「二《に》の舞《まい》を演じる」と言う。「昨年の二の舞を演じるようなことがあってはならない」などのように使う。ところがこれを「二の舞を踏む」と言う人がいる。

「二の舞」とは舞楽《ぶがく》（舞が伴う雅楽《ががく》）の曲名で、「安摩《あま》の舞の次にそれを見ていた二人の舞人《まいびと》（笑い顔の面の老爺と腫《は》れただれ顔の面の老婆）が滑稽な所作で安摩の舞をまねて舞う舞。安摩の舞に対する答舞《とうぶ》」（『日国』）のことである。「安摩の舞」とは、２人の舞人（時には１人）が衣冠《いかん》に笏《しゃく》を持ち、厚紙に目、鼻、口などを幾何学模様風に描いた安摩の面《おもて》をつけて舞う、地鎮《じちん》の意をかたどった舞のことである。

「二の舞」は人の後に出てきて前の人と同じことをしたり、滑稽なしぐさをしたりすることから、前の人の失敗を繰り返すという意味になる。そしてそのような「二の舞」を〝演じる〟のが本来の使い方だというわけである。

「二の舞を踏む」は、「二の足を踏む」との混同から生まれた言い方だと説明され、誤用だとされている。だが、本当に「二の舞を踏む」は誤用なのであろうか。

舞楽を舞うことを「踏む」という例はじつは古くから見られる。たとえば室町末期の御伽草子《おとぎぞうし》『唐糸草子《からいとそうし》』には、

「三番は熊野が娘の侍従、太平楽《たいへいらく》をふむ」

とある。「太平楽」も舞楽の曲名である。

国研のコーパスでも、数は多くないのだが「二の舞を演じる（演ずる）」は4例であるのに対して、「二の舞を踏む」は8例ありこちらの方が多い。最近の国語辞典でも、「二の舞を踏む」を、誤用説に触れずにそのまま載せるものが増えてきている。「二の舞を踏む」はもはや市民権を得たと考えてよいのかもしれない。

なお、国研のコーパスでは「二の舞になる」という言い方もかなり見つかる。「二の舞」自体に、人のした失敗を繰り返すという意味があるので、これも誤用とは言えない。

また、国会会議録に「二《に》の轍《てつ》を踏む」という使用例が14件ある。さらには、「第二の轍を踏む」という言い方もしている。これは「前車《ぜんしゃ》の轍《てつ》を踏む」から生じた言い方であろう。これは前に行った車の車輪の跡を、後の車が踏んで行くということで、前の人と同じ失敗を後の人が繰り返すという意味だが、もちろん本来の言い方ではない。国会議員の間だけで広まっている言い方ではなかろうが、口頭語でついこのように

言ってしまう言い方なのかもしれない。そうだとしても、使わないように気をつけたい。

【結論】「二の舞を演じる」が本来の言い方だが、「二の舞を踏む」ももはや市民権を得ているとは考えてよいであろう。

86 腑に落ちる 腑に落ちない

辞書によって「落ちる」派、「落ちない」派に分かれてはいるが…

納得がいく、合点《がてん》がいくという意味で「腑《ふ》に落ちる」という言い方を聞いたとき、私は「腑に落ちない」と下に否定の語を伴って使うのが普通の形なのではないかと思っていたことがある。

だが、この語は辞典での扱いが揺れている語で、辞典によって見出し語を「腑に落ちない」としたり「腑に落ちる」としたりしているのである。これを中型以上の国語辞典で見てみると以下のようになる。

「腑に落ちない」派：『大辞林』『広辞苑』
「腑に落ちる」派：『日国』
両用派：『大辞泉』

「腑に落ちる」派の『日国』は、解説に「多く、下に否定の語を伴って用いる」と付け加えていながら、徳冨蘆花《とくとみろか》の自伝的小説『思出《おもいで》の記』（1900～01年）の、「学校の様子も大略腑に落ちて」

という否定の語が下に続かない用例を載せている。

また、両用派の『大辞泉』は、「腑に落ちる」に、織田作之助《おださくのすけ》の小説『わが町』（1

943年）の、

「大西質店へ行けと言った意味などが腑に落ちた」

という用例を添えている。

ただ、実際の使用例も小型の辞典の見出し語の語形や添えられた例文も、圧倒的に「腑に落ちない」の方が多い。

だが、文学作品で「腑に落ちる」を探してみると、泉鏡花《いずみきょうか》、高山樗牛《ちょぎゅう》、夏目漱石、有島武郎《ありしまたけお》といった著名な作家の使用例が数多く見つかる。たとえば、夏目漱石の『私の個人主義』（1915年）には、

「譬《たと》へばある西洋人が甲といふ同じ西洋人の作物を評したのを読んだとすると、其《その》評の当否は丸《まる》で考へずに、自分の腑に落ちやうが落ちまいが、無暗《むやみ》に其評を触れ散らかすのです」

という使用例がある。いささか耳に痛い内容だが、講演筆記とはいえ、「腑に落ちる」も「腑に落ちない」も両方対比させて出てくる例は貴重であろう。

「腑に落ちる」は最近使われるようになったわけではなく、明治時代にはすでに使われていたようなのである。

結局「腑に落ちる」をおかしいと感じたのは私の思い込みだったようで、今では辞典としては『大辞泉』のように両形示すやり方が妥当だと思っている。

なお、古くは「腑に入《い》る」という言い方もあったようで、『日国』では、浄瑠璃の『蒲冠者藤戸合戦《かばのかんじゃふじとがっせん》』（1730年初演）の、「腑に入ぬ、にがい詞もあま口で殺すにまさる甘露の仕置」という例を引用している。

【結論】「腑に落ちる」と「腑に落ちない」はどちらも使用例が多くあり、肯定形でも否定形でも間違いではない。

87 二の句が継げない 二の句が出ない 二の句が吐けない

本来の言い方は「二の句が継げない」だが…

言うべき次のことばが出ないことを「二の句が継《つ》げない」と言う。「ひどい暴言を浴びせられあっけに取られて二の句が継げなかった」などと使う。ところがこれを「二の句が出ない」と言う人がいる。

「二の句」とは、『日国』によると「雅楽《ががく》の朗詠《ろうえい》の用語。朗詠の詩句を三段に分けて歌う時、その第二段目を二の句という。第一段目は一の句、第三段目は三の句といい、その句ごとに独唱してから続けて合唱（斉唱）に入る」とある。そして同書ではさらに補注で、「二の句は独唱から高音に歌うので、その高音を続けて合唱に移ると、息の切れることもあり、『二の句を続けるのは容易でない』の意で『二の句が継げない』という」と説明している。

つまり「二の句が継げない」が語源から考えても本来の言い方なのである。

ところが、『日国』を見ると、「二の句が出ない」の用例が「二の句が継げない」という子見出しに収められていて、そこで引用されている5例中3例が「出ない」なのである。その最も古い例は、江戸前期の咄本《はなしぼん》のもので、このような例だ。

「あれさへなくば、月の行ゑ《ゆく》はかくさじ物をといはれければ、松山、二の句がでなんだ」（『軽口大わらひ』1680年）

「松山」というのは京都にあった島原《しまばら》という遊郭《ゆうかく》の遊女の名前である。前半部分を補うと以下のような内容である。

あるとき、遊女の松山が二階で月見をしていたときに、仲の悪い薄雲という遊女もわきの座敷にいた。ちょうどそのときに、月が雲間に入ったところだったので、松山が、「薄雲は悪い奴だ。（名前が「薄雲」というだけあって）月の前もはばからず（月を隠してしまった）」と言った。これを聞いた薄雲は我慢できず、「話題になっている薄雲は月にとってはしばらくのさわりであろうが、向こうにいる松山は情け知らずの者だ。あの松山（松山という名から松の多く茂っている山に見立てている）さえなければ月の行方は隠さないであろうに」と言ってやり込めた。すると松山は次のことばが出なかった、というのである。

また、有島武郎の『星座』（1922年）には、

「頭からけなし付けて二の句を吐《つ》かせない」

などという、「二の句を吐《つ》かせない」（が吐《つ》けない）」の例もある。

もちろん「二の句が継げない」が本来の言い方で、それを使うようにした方がよいとは思う。だが、比較的古い用例を前にすると、「二の句が出ない」「二の句が吐《つ》けな

い」を誤用だとは言えないような気がするのである。

【結論】「二の句が継げない」が本来の言い方ではあるので、通常の文章ではこれを使うべきであろうが、「二の句が出ない」「二の句が吐《つ》けない」も誤用とは言えないと思われる。

88 暇にあかす 暇にまかす

意味は異なるが、どちらも正しい表現

暇があるのをよいことに、長い時間をかけることを「暇《ひま》にあかす」と言う。「あかす」は漢字で書くと「飽かす」で、ふんだんに使うといった意味である。

これを「暇にまかす」と言う人がいる。誤用だという人もいる言い方なのだが、どのように考えるべきであろうか。

『日国』の「まかせる」という項目には、宇野浩二《うのこうじ》の小説『苦《く》の世界』（1918～21年）の

「ひまにまかせてやった翻訳が」

という例が引用されているが、「暇にまかす（暇にまかせる）」の用例はかなり多く存在する。

たとえば夏目漱石の『三四郎』（1908年）にも以下のような例がある。

「机の上を見ると、落第といふ字が美事《みごと》に彫ってある。余程閑《ひま》に任せて仕上げたものと見えて、堅い樫《かし》の板を奇麗に切り込んだ手際は素人とは思はれない」

もはや「暇にまかせて」という言い方自体を誤用と断定するのはかなり無理がある状況であるため、「暇にまかす（暇にまかせる）」を認める辞典も出始めている。たと

えば『明鏡国語辞典』は、「まかせる」の項目で、「…に飽かして…する」と同義であるとして、例文で「暇にまかせて」を載せている。

だが、本来「あかす」と「まかす」とでは意味がまったく違うので、同じ意味と考えるのは無理があるということは知っておくべきであろう。

「あかす」は、「金に飽かして」などとも言うように、有り余っているものをふんだんに使うという意味で、能動的な意味合いで用いられる。

一方の「まかせる」は、元来は何かに依存してその行為をするという意味で、他のものの力によってという受動的な意味合いが強い。したがって、「暇にまかす」を「暇にあかす」と同じように、「暇」をじゅうぶん利用してという意味に解釈するのはかなり無理がある。国語辞典の立場としては、「あかす」と「まかす」では違う意味だと言わざるを得ないのである。だが、実際の使用状況を見ると、もはや「暇にまかす」という言い方を否定することはできないようなのであるが。

【結論】「暇にあかす」という本来の言い方に対して、「暇にまかす」という言い方がかなり広まっている。「あかす」と「まかす」では意味が異なるが、「暇にまかす」を否定することはもはやできないであろう。

89 眉をひそめる 眉をしかめる

「眉を○○（動詞）」という表現はバリエーションが多い

心の中に心配事や憂いごとがあったり、他人のいやな言動に不快を感じたりして表情に出すことを、「眉《まゆ》をひそめる」と言う。ところがこれを「眉をしかめる」と言う人がいる。

文化庁が2014年（平成26年）度に行った「国語に関する世論調査」では、「眉をひそめる」を使うという人も「眉をしかめる」を使うという人もともに44・5％と、きれいに分かれてしまった。しかも、興味深いことに50代、60代では「眉をしかめる」派が多くなるのである。

従来、「眉をしかめる」は「顔をしかめる」との混同で誤用だと言われてきた。たとえば『明鏡国語辞典』では、「眉をしかめる」は誤用だと言い切っている。

「ひそめる」も「しかめる」も漢字で書くと「顰める」である。意味は「ひそめる」は眉の辺りにしわを寄せる、「しかめる」は、顔や額にしわを寄せて渋面を作るということで異なるが。

『日国』によれば、「眉をひそめる」の最も古い例は、『将門記承徳三年点《しょうもんきじょうとくさんねんてん》』（1099年）のものである。これは平将門《たいらのまさかど》の乱を漢文体で描いた軍記物語『将門記』を、承徳3年に訓読したものである。

一方、「眉をしかめる」にも時代はかなり下るが、『清原国賢《きよはらのくにかた》書写本荘子抄《そうじしょう》』（1530年）の例がある。これは室町後期の漢学者で国学者でもあった清原宣賢《きよはらののぶかた》が漢籍の『荘子』を講義した際の筆記録で、のちに清原国賢という人がこれを筆写したものである。

さらに「眉をひそめる」と同じ意味の「眉を○○（動詞）」という言い方を『日国』で探してみると、他にもいくつか存在することがわかる。「眉を曇《くも》らす」「眉にしわを寄せる」「眉を集める」「眉を寄せる」などである。これらはすべて、眉の辺りにしわを寄せることである。『日国』で引用しているこれらの用例は、たとえば、

「眉を曇らす」：夏目漱石『彼《ひ》岸過迄《がんすぎまで》』（1912年）「年寄の眉を曇らすのがただ情ない許《ばかり》で已《や》めたとも云《い》はれない」

「眉にしわを寄せる」：評判記（江戸時代、遊女や歌舞伎役者の品評を記した書）『吉原すずめ』（1667年）「まゆにしはをよせ、ふんべつづらする、心学者」

「眉を集める」：泉鏡花『義血侠血《きょうけつ》』（1894年）「不審の眉を攅《あつ》めたる前《さき》世話人は」

「眉を寄せる」：樋口一葉《ひぐちいちよう》『にごりえ』（1895年）「ああ困った人だねと眉を寄せるに」

などである。

「眉をひそめる」が最も一般的な言い方だとは思うのだが、「眉をしかめる」もそのバリエーションの一つと考えた方がよさそうな気がするのである。

【結論】「眉をひそめる」に対して、誤用とされる「眉をしかめる」もかなり広まっているが、「眉をしかめる」の使用例はけっこう古くからあり、同じ意味で「眉を○○（動詞）」という言い方が他にもあるので、「眉をしかめる」を誤用とするのはもはや無理があると思われる。

90 足をすくわれる 足もとをすくわれる

「足もとをすくわれる」は誤用と言い切れるか?

隙《すき》をつかれて思いがけない手段で失敗させられることを、「足《あし》をすくわれる」と言う。「商売敵に足をすくわれる」などと使う。ところが、これを「足」ではなく、「足もとをすくわれる」と言う人がいる。

文化庁が2016年(平成28年)度に行った「国語に関する世論調査」でも、「足をすくわれる」を使うという人が26・3%、「足もとをすくわれる」を使うという人が64・4%と、圧倒的に「足もと」派が多いという結果が出た。

なぜ本来の言い方ではない「足もとをすくわれる」が増えてしまったのであろうか。従来この語は、足を払うようにして支えを失わされるという意味から生じた言い方なので、「すくわれる(横に払われる)」のは「足」であって「足もと」ではないと説明されてきた。

ところが、「足もと」にも「足の辺り」という意味だけではなく、「足の下部」という意味が存在するのである。その最も古い例は、『日国』によれば平安時代中期の物語『狭衣《さごろも》物語』(1069~77年頃か)のものである。

「いろいろの姿ども着こぼして、足もとしたためつつ、あまたうち連れて歩み出《いで》たり」

という例である。（上流貴族の子弟が）さまざまな色の衣装を着て辺り一面に色をまき散らすような華やかさで、足もとをしっかりさせながら大勢連れだって現れたといった意味である。この場合の「足もと」とは蹴鞠《けまり》用の靴に履き替え、ひもをしっかりと結んだということである。

だとすると、「足もとをすくわれる」という言い方も、ただの言い間違い、誤用で済ますわけにはいかないような気がしてくる。

さらに『日国』によれば、「足をすくわれる」の例で最も古いのは、1941年に発表された、文芸評論家岩上順一《いわがみじゅんいち》の『文学の饗宴《きょうえん》』という評論のものである。

これに対して、「足もとをすくわれる」の用例は、この言い方自体が辞典では認められていないため、『日国』には掲載されていないのだが、劇作家で詩人でもあった三好十郎《みよしじゅうろう》が1947年に発表した『廃墟』という一幕物の戯曲の中に、

「三平‥（スッカリ酔って）ヒヒヒ、えらい所で、足もとをすくわれたねえ」

という例が出てくる。『文学の饗宴』の「足をすくわれる」の例と、わずか6年しか違わないのである。

もちろん『廃墟』の例だけで判断するのは早急すぎるということもあるかもしれない。だが、だからと言って、「足もとをすくわれる」を誤用だと決めつけてしまうの

も危険な気がするのである。

国研のコーパスでも「足をすくわれる（すくう）」の使用例35例に対して、「足もとをすくわれる（すくう）」は26例もある。やはりこれらを誤用とは言えない気がする。

【結論】「足をすくわれる」が本来の言い方と考えられるが、「足もとをすくわれる」も「足もと」には「足の下部」という意味が古くからあるので、一概に誤用だと決めつけるわけにはいかないのではないか。

91 息を呑む 息を呑み込む

漱石ら文豪も「息を呑み込む」を使っている

恐れや驚きなどで思わず息を止めることを、「息を呑《の》む」と言う。「あまりの美しさに思わず息を呑む」などと使う。ところがこれを「息を呑み込む」と言う人がいる。「息を呑む」の「呑む」は、飲食物を口から体内に入れたり、吸い込んだりするという意味ではなく、おさえる、こらえるという意味である。「呑み込む」にも「あくびを呑み込む」「ことばを呑み込む」などのように、おさえる、こらえるという意味はあるが、「息を呑む」が本来の言い方で、「息を呑み込む」は誤用だと言う人がいる。

だが、実際には「息を呑み込む」の使用例はけっこう多い。

夏目漱石も『琴のそら音』（1905年）という短編小説の中で、「癒《なお》って居てくれれば宜《よ》いがと御母《おっか》さんの顔を見て息を呑み込む」と使っている。

また、『半七捕物帳《はんしちとりものちょう》』で有名な岡本綺堂《おかもときどう》は、「息を呑む」「息を呑み込む」の両方とも使っている。しかもその割合はほぼ半々である。

国研のコーパスでも「息を呑み込む」の例は14例見つかる。いずれも書籍の例である。もちろん「息を呑む」の例は575例あるのでこちらの方が圧倒的に多いのだが。

漱石や綺堂が使っているからというわけではないのだが、「息を呑む」が本来の言い方ではあるが、「息を呑み込む」も「呑み込む」は「呑む」と同義なので、使っても構わないと思われる。

なお、「呑」という漢字は常用漢字表にはないため、新聞では「息をのむ」と表記している。

【結論】「息を呑む」が本来の言い方ではあるが、これを「息を呑み込む」と言っても問題はないであろう。

92 濡れ手で粟 濡れ手に粟

「で」と「に」で助詞が違うものの…

何の苦労もしないで利益を得ることを「濡《ぬ》れ手で粟《あわ》」と言う。濡れた手で粟をつかめば、粟粒がそのまま手についてくるところからそう言うのである。

この「濡れ手で粟」だが、「濡れ手に粟」と言う人もいる。国研のコーパスで検索すると、数は多くないのだが「濡れ手に粟」の例だけで、「濡れ手で粟」の例は出てこない。「濡れ手に粟」と言う人の方が確実に多いと言うことであろうか。

だが、もちろん本来の言い方は「濡れ手で粟」である。

ただ、『日国』によれば、「濡れ手に粟」も明治時代の横山源之助《よこやまげんのすけ》のルポルタージュ『日本の下層社会』（1899年）に使用例があるので、けっこう古くからこの形も使われていたことがわかる。だとすると、「濡れ手で粟」「濡れ手に粟」は助詞の違いだけで、どちらを使っても問題ないということになりそうである。『日国』には、室町時代の用例だが、「濡れ手の粟」という形のものもある。

なお、この「濡れ手で粟」の「アワ」をイネ科の植物「粟」ではなく、同音の「泡」と考え、「濡れ手で泡」だと勘違いしている人がいるらしい。水に濡れた手ということで、「泡」が連想されたのかもしれない。さらには「泡と消える」との連想から、いくら努力しても実りがないことの意だと誤解している向きもあるらしい。もっともらしい説明だが、やはり「粟」が正しい。

【結論】「濡れ手で粟」と「濡れ手に粟」は助詞の違いだけで、どちらを使っても問題はなさそうである。

93 満面の笑み 満面の笑顔

「満面の笑顔」は本当に不自然か？

顔じゅうに笑みを浮かべることを「満面《まんめん》の笑み《え》」と言う。ところがこれを「満面の笑顔」と言う人がいる。

「笑み」は笑いそのもの、つまり笑いだけのことであるが、「笑顔」は笑っている顔ということである。意味は近いのだが、「顔」を含むか含まないかの違いがある。そして「満面」は顔じゅうということであるから、「満面の笑顔」は重複表現とされることが多い。

だが、国研のコーパスを見ると、「満面の笑み」は77例、「満面の笑顔」は27例と、もちろん「笑み」の方が多いのだが、「笑顔」も少ないとは言えない。「満面の笑顔」27例は、さらに中身を見ていくと、書籍14、雑誌4、ブログ8という数で、校正者の目も通っているであろう書籍の例が半数以上あるというのは何やら考えさせられる。

と言うのも、たとえば朝日新聞東京本社編成局校閲センター長の前田安正氏も「満面の笑顔」は「面」が「顔」のことで重言になるため、「満面の笑み」と言うように、と述べているからである（『朝日新聞校閲センター長が絶対に見逃さない　間違えやすい日本語』２０１４年）。校正者によって判断が異なるということなのであろうか。

辞書編集者の立場から言うと、たとえば泉鏡花の『国貞《くにさだ》えがく』（1910年）に、「『どうぞこちらへ。』と、大きな声を出して、満面の笑顔を見せた平吉は、茶の室《ま》を越した見通しの奥へ、台所から駈込《かけこ》んで」という用例もあり、「満面の笑顔」は重言ではあるが、誤りとは言えない気がするのである。

そのわけは、「満面の笑顔」は、「満面」という位置・状況・様態に、「笑顔」という状態・様子が展開・現出しているということを表現しているのではないかと思えるからである。これはたとえば、「上を見上げる」「（鋭い・大きな・期待外れの…）打球を打つ」や、最近の言い方では「ダントツの首位（ダントツは「断然トップ」の略）」などと同様、より明確・明瞭に情報を伝えるため、語義の一部が重なっている表現だと思えるのである。

なお国研のコーパスには「満面の微笑」という例が書籍例で3件ある。「満面」つまり顔全体に広がった「微笑」というのがどのようなものなのかちょっと想像できないのだが、意味は別にして、使い方としては誤りではないであろう。

【結論】「満面の笑み」が本来の言い方ではあるが、これを「満面の笑顔」と言っても不自然ではないと思われる。

94 笑みがこぼれる　笑顔がこぼれる

「笑顔」も「こぼれる」と言えるのではないか？

「笑み」は、にっこりとすること、「笑顔」はにこにこと笑った顔のことである。そして、この場合の「こぼれる」は、表情などがあざやかに外に表れるという意味である。

通常、喜びやうれしいという感情によって表れ出たものは「笑み」であるから、「こぼれる」と結びつくのは「笑み」だと考えられている。そして、一方の「笑顔」は、感情が表れた結果としての顔つきそのもののことであるから、「こぼれる」と結びつけるのは難しいと説明されることが多い。だが、本当にそうなのであろうか。「こぼれる」は、表情が表れ出るという意味であるが、では「笑顔」は「笑み」と違って表情とは言えないのであろうか。「笑顔」は笑いが表れ出た顔つきであるから、「笑顔がこぼれる」で「笑顔」という状態・表情が、抑え切れずにあざやかに表れ出てしまっている状況を表現していると言えるのではないか。

国研のコーパスでは「笑みがこぼれる」は36例、「笑顔がこぼれる」は6例で、書籍例は1例だけなので、「笑顔」はいささか分が悪いのだが。ただ私は他に、2000年以降の比較的新しいものばかりだが、「笑顔がこぼれる」の書籍の例を数例見つけている。

もちろん「笑みがこぼれる」が本来の言い方だということに異を唱えるつもりはない。だが、「笑顔がこぼれる」も認めてもいいのではないだろうか。

【結論】「笑みがこぼれる」が本来の言い方であるが、「笑顔がこぼれる」も誤用とは言えないのではないだろうか。

95 采配を振る　采配を振るう

「振るう」派の存在が無視できなくなっている

「采配《さいはい》」とは、大将が軍勢の指揮をとるときの持ち物のことである。多くは柄《え》の先に裂いた白紙などを束ねて、房状に取り付けている。これを手にした指揮官が振り動かして合図をするわけだが、そこから「采配を振る」という言い方が生まれ、陣頭に立って指図をする、指揮をするという意味になった。「振る」は、全体を前後または左右に数回すばやく動かすという意味である。

ところが最近は「采配を振る」ではなく、「采配を振るう」という言い方がかなり広まっている。

文化庁が行った2017年（平成29年）度の「国語に関する世論調査」でも、「采配を振る」を使う人が32・2％、「采配を振るう」を使う人が56・9％と、逆転した結果になっている。

国研のコーパスも同様で、「采配を振る」は12例であるのに対して、「采配を振るう」は17例である。

『日国』も第2版になって、初版にはなかった井上靖《いのうえやすし》の『闘牛』（1949年）という小説の例が加わり、「采配を振るう」の形も認めるようになった。

そもそも「振るう」とは、思うままに取り扱う、棒状のものを縦横に駆使して用いる、という意味なので、「采配」に「振るう」を使ってもおかしくはない。「振る」「振るう」は、意味も近いため混同してしまうのだろうが、「采配を振るう」を認める辞典は今後増えていくと思われる。

【結論】「采配を振る」が本来の言い方であるが、「采配を振るう」もかなり広まっており、これを認める辞典も出てくるであろう。

96 酒を酌み交わす 杯を酌み交わす

ほとんどの辞書が「酒を酌み交わす」ではあるが…

国語辞典で「酌《く》み交わす」という語を引くと、たとえば、『日国』では、「互いに杯《さかずき》のやりとりをしながら、いっしょに酒を飲む」とある。大方の国語辞典もこれと大差ない内容であろう。

「やりとり」というのだから、相手の杯を受け取って飲んだり、自分の杯を相手に手渡して酒を注いだりと、相手と杯を交換しながら飲むということになると思われる。だが、現在このような酒の飲み方をする人たちはいるのであろうか。私自身もそのような飲み方はしないし、居酒屋でもそのような光景は見たことがない。

だが、辞典に書かれているように、杯のやり取りをしながら飲むということであったら、「酒を酌み交わす」ではなく、「杯を酌み交わす」の方が正しいということになりそうである。ところが、現行の国語辞典では、「酒を酌み交わす」のみを例文として挙げているものがほとんどなのである。いったいどちらが正解なのであろうか。

理屈を言うのなら、「酌む」のは「酒」で、「交わす」つまり交換するのは杯だから、どちらでもよさそうに思えなくもない。そのような視点で過去の例を見ると、「酒」の方が圧倒的に多いのだが、「杯」がまったくないというわけではない。たとえば、

『日国』の「酌み交わす」の項で引用している『三体詩素隠抄《さんたいしそいん》』（１６２２年）には、

「旅客にて目をかくる人もなかりしに、不思議に古人《こじん》の韋大夫《いたいふ》殿に逢て、共に一盃《いっぱい》くみかわすことのうれしさよとぞ」

と「酒」ではなく「一盃」とある。『三体詩素隠抄』の「三体詩」とは中国南宋の周弼《しゅうひつ》が編纂《へんさん》した唐代の詩の選集のことで、「素隠」は雪心素隠《せっしんそいん》という京都五山《ござん》の僧だが、『三体詩素隠抄』はこの素隠による「三体詩」の講義録である。

また、『日国』には引用されていないが、太宰治《だざいおさむ》にはこんな文章もある。

「あの上野公園の茶店で、僕たちはもうこれが永遠のわかれになるかもしれないそのおわかれの盃をくみかはし、突然そこに菊屋の話が飛び出たので、僕はぎょっとしたのだ」（『未帰還の友に』１９４６年）

「酒を酌み交わす」が自然な言い方だということを否定しようというわけではない。国研のコーパスでも「酒を酌み交わす」は57例（他にビール、焼酎といった具体的なアルコール名の例もある）であるのに対して、「杯」は7例（「別杯」「酒杯」も含む）で、圧倒的に「酒」の方が多いのであるから。

だが、「杯を酌み交わす」も決して間違いとは言い切れないのではないだろうか。

【結論】「酒を酌み交わす」が一般的だが、「杯を酌み交わす」も必ずしも誤用だとは言えない。

97 舌の根の乾かぬうちに 舌の先の乾かぬうちに

「舌の先」を誤りと言い切る根拠はどこにもない

前に言った事柄に反することを、すぐに言ったり、したりするときに、非難の気持ちを込めて、「舌の根の乾かぬうちに」と言う。「舌の根の乾かぬうちに前言を翻《ひるがえ》す」などと使う。ところがこれを「舌の先の乾かぬうちに」と言う人がいる。

文化庁が行った２０１８年（平成30年）度の「国語に関する世論調査」でも、「舌の根の乾かぬうちに」を使う人が60・４％、「舌の先の乾かぬうちに」を使う人が24・４％という結果になっている。

ただ、本来の言い方とされる「舌の根の乾かぬうちに」だが、じつは「舌の根」でなければ絶対に間違いだという根拠はどこにもないのである。なぜそのようなことが言えるのか。『日国』を見ると、「舌の根の乾かぬうちに」はそれほど古い例がないからである。

『日国』では、明治時代になってからの歌舞伎の用例が最も古い（さらに補注で幕末のころの人情本『清談若緑《せいだんわかみどり》』（19世紀中）の「その舌の根もひかぬ（乾かない）うち」という用例も紹介している）。

ところが、同じ意味で「舌も乾かぬ所《ところ》」という言い方もあり、こちらの方は、江戸時代の上田《うえだ》秋成《あきなり》作の浮世草子『諸道《しょどう》聴耳《ききみみ》世間猿《せけんざる》』（1766年）の例がある。

だとすると本来は単に「舌」とだけ言っていたものが、のちにそれを強調する意味合いを込めて「舌の根」、つまり舌の奥の方のねもとの部分までと言うようになったのかもしれない。「舌の先」の方も同様に、本来「舌」だったものが「舌先三寸《したさきさんずん》」との混同で生まれた可能性も考えられるのではないか。ただ、国研のコーパスには使用例は見つけられないのだが、国会会議録に「舌の先が」の形で、1件だけある。

「舌の先が乾かないうちに合意の根底が覆されるような状況を生じしめるという成り行きを見せつけられ」（1998年9月25日参議院本会議 - 10号）

文化庁の調査とは異なる意外な結果なのだが、口頭語として広まっているということなのであろうか。「舌の先の乾かぬうちに」を誤用だと言う人がいるということはもちろん承知しているが、「舌」→「舌の根」の関係を考えると、少なくとも「舌の先」という用法を頭から否定する根拠は存在しないのである。

【結論】「舌の根の乾かぬうちに」が本来の言い方であるが、誤用とされる「舌の先の乾かぬうちに」も、誤用だと言い切る根拠は存在しない。ただ、誤用だと思っている人も多いので、使用を避けた方が無難であろう。

98 出る杭は打たれる 出る釘は打たれる

「出る釘」もじつは古くから使われている言い方

「出る杭《くい》は打たれる」という言い方がある。才能や手腕があって抜きん出ている人はとかく他から憎まれるとか、出すぎたふるまいをする者は人から責められ制裁を受けるという意味で使われる。この「杭」を「釘」に置き換えて、「出る釘《くぎ》は打たれる」と言う人がいる。

文化庁が行った2006年（平成18年）度の「国語に関する世論調査」では、「出る杭は打たれる」を使うという人が73・1%、「出る釘は打たれる」を使うという人が19・0%という結果が出た。

「杭」も「釘」も確かに打ち込むものではあるが、打ち込む場所も用途も違うものである。

本来の言い方である「出る杭は打たれる」の用例は、『日国』によれば江戸時代前期（『北条五代記』1641年）の例が最も古い。

一方の「出る釘は打たれる」だが、『日国』には収録していないのだが比較的古い使用例がある。哲学者で評論家でもあった三宅雪嶺《みやけせつれい》の、

「中に際《きわ》だって立身出世するものもあるけれど、さういう事をしなくてもよく、出る

釘は打たれる、余計な事をしないに若《し》くはないと思はれる」(「新時代の家庭」『太陽』1925年11号所収)

がそれである。

「杭」と「釘」は漢字で書くともちろん違うのだが、「クイ」「クギ」と声に出して言ってみると、「イ」「ギ」の差はそれほど大きくなさそうである。しかも、同じ打ち込むものであるので、「杭」「釘」両方が比較的古くから使用されていた可能性はある。ただし理屈から言えば、「杭」と「釘」とでは意味が若干異なりそうである。「杭」の場合は地面に並べて打ち込むときに高さが出すぎているものは頭をたたいて高さをそろえることになるであろうし、「釘」の場合は頭が出ているものは危険なのでたたかれてひっ込めさせられるということになるからである。

【結論】「出る杭は打たれる」が本来の言い方であるが、「出る釘は打たれる」もけっこう古くから使われていた言い方である。したがって、「出る釘は打たれる」を完全な誤用とまでは言えないであろうが、改まった文章などでは「出る杭は打たれる」を用いるべきである。

99 ことばを濁す 口を濁す

どちらが本来の言い方か、断定するのは難しい

都合の悪いことなどを、はっきり言わずにあいまいに言うことを「ことばを濁す」と言う。「ことばを濁してなかなか本心を明かさない」などと使う。ところがこれを「口を濁す」と言う人がいる。

文化庁が発表した2016年（平成28年）度の「国語に関する世論調査」では、「ことばを濁す」を使う人が74・3％、「口を濁す」を使う人が17・5％という結果が出た。

文化庁はこの「ことばを濁す」を本来の言い方だとしているのだが、もちろんそれに対して異論はない。だが、2割近く使うと言っている人がいる「口を濁す」は本来の言い方ではないと断言できるのだろうか。

『日国』によれば、「ことばを濁す」の最も古い例は末広鉄腸《すえひろてっちょう》の政治小説『花間鶯《かかんおう》』（1887～88年）の、

「声を掛けたらハイと答へて跡で詞《ことば》を濁したので、愈《いよい》よ夫《そ》れと見抜いたが」

である。

一方の、「口を濁す」だが、『日国』では子見出しとして立項されていて、そこで引

用されている例は、平野謙《ひらのけん》が書いた評伝『田山花袋《たやまかたい》』（1956年）のものである。ただ、国会図書館のデジタルコレクションで作品が公開されていないため未確認なのだが、青空文庫に収められた蘭郁二郎《らんいくじろう》の『鉄路』（1934年）に、

「順平は、如何《いか》にも具合悪そうに、口を濁した」

というそれよりさらに古い使用例があるらしい。

「ことばを濁す」も「口も濁す」もともに近代の例しかないことから考えると、どちらが本来の言い方か断定することは難しいと思われる。

国研のコーパスでも「ことばを濁す」は84例、「口を濁す」は20例で、割合は文化庁の調査結果とさほど差はないが、「口を濁す」が浸透しつつあることはわかる。だとすると「口を濁す」も異形として認めてもよさそうな気がする。


【結論】「ことばを濁す」が本来の言い方であるが、「口を濁す」の使用例も多く、異形として認めてもよいと思われる。

100 油断も隙もない 油断も隙もならない

「油断も隙もならない」の方が用例は古い

国語辞典で「油断」という語を引くと、子見出し、あるいは例文に「油断も隙《すき》もない」という表現が載せられていると思う。少しも油断することができないという意味である。だがこれを「油断も隙もならない」と言っていないだろうか。

じつは『日国』では、「油断も隙もならぬ」という形も異形として立項されている。その根拠となったのが、『俚言集覧《りげんしゅうらん》』（1797年以降成立）である。『俚言集覧』は太《おお》田《た》全斎《ぜんさい》という儒学者が編纂《へんさん》した国語辞書である。『日国』ではさらに、『珍説豹《ひょう》の巻』（1827年）という江戸時代の人情本の例も引用されている。

「夜盗、押込《おしこみ》、昼盗、板の間稼ぎ（風呂屋の脱衣場などで、他人の衣服、金品などを盗み取るどろぼう）、一寸持《ちょっくらもち》（こそどろのこと）、油断も透《すき》もなりませぬ」

という例である。

一方の「油断も隙もない」は、『日国』を見る限り、近代になってからの田山花袋の小説『妻』（1908〜09年）の、

「机を並べた人々が、皆なかれの敵で〈略〉油断も隙も無いやうに思はれる」

というものが一番古い。

だとすると、「油断も隙もならない」が古い形で、明治後期以降「油断も隙もない」が優勢になっていったという可能性も考えられる。夏目漱石なども『吾輩は猫である』（1905～06年）の中で、

「油断も隙もなりゃしません」

と「油断も隙もならない」の方を使っているのである。

文法的なことを言えば、「油断も隙もない」の「ない」は存在しないという意味の形容詞で、「油断も隙もならない」の「ならない」は動詞「な（成）る」の未然形＋打消しの助動詞「ない」からなる連語である。文法的には異なるが、この場合の意味はともに必要不可欠であるということになるであろう。

現代語中心の国語辞典は、『大辞泉』『広辞苑』『大辞林』も含めて、「油断も隙もない」の形しか載せていない。だが、現在でも「油断も隙もならない」とも言っていると思うし、それは決して誤用ではないであろう。

【結論】「油断も隙もない」を「油断も隙もならない」と言うこともあるが、使用例を見ると「油断も隙もならない」の方が古く、どちらを使っても問題ないと思われる。

101

頭角を現す
頭角を出す
頭角を抜く
頭角を上げる

「頭角を現す」が本来の言い方ではあるが…

才能・技量・才覚などが、周囲の人よりも一段とすぐれることを「頭角を現す」と言う。「若手音楽家としてめきめき頭角を現す」などと使う。

「頭角を現す」は、中国唐代の文人韓愈《かんゆ》の『柳子厚墓誌銘』にある「嶄然《ざんぜん》（ひときわ目立って）として頭角を見《あらわ》す」による。「柳子厚」とは、韓愈とともに古文復興を唱えた唐の文人・柳宗元《りゅうそうげん》のことである。

この「頭角を現す」を、たとえば『大辞泉』は「頭角を出す」とは言わないとし、『明鏡国語辞典』も「…抜く・伸ばす・上げる」は誤りとしている。

「頭角」の原義は文字通り頭の角《つの》のことだが、それがすぐれた才能・技芸の意味になる。おそらく「出す・抜く・伸ばす・上げる」は、「頭」「角」に影響されて生まれた言い方であろう。出典のある語なので、もちろん「頭角を現す」とするのが正しいということはよくわかる。

だが、以下の例を見ると、どう考えたらよいのか悩んでしまうのである。

「ホリゾンタル―多数凡衆《ばんしゅう》の社会的関係を組織して居るその水平線―に立って居れば多数の間に其《その》頭角を抜き、其名利《みょうり》を恣《ほしいまま》にし」（新渡戸稲造《にとべいなぞう》『青年修養法』1909年）

「然程《さほど》能力の有った人とも見え無かった人が、或《あるいは》他の人に随身《ずいしん》して数年を経たかと思ふ中に、意外に其の人が能力の有る人になって頭角を出して来る」（幸田露伴《こうだろはん》『努力論』1912年）

「暖簾《のれん》はマダ新らしいが尾張町の二葉屋と四丁目のフジヤとは高級洋物屋として頭角を抽《ぬき》んでて東京一の贅沢屋と称されてゐる」（内田魯庵《うちだろあん》『読書放浪』1933年）

「近頃めきめきと頭角を上げて来た、事実、稀代《きたい》の才物ではあるらしい」（中里介山《なかざとかいざん》『大菩薩峠《だいぼさつとうげ》』「京の夢おう坂の夢の巻」）

「頭角を現す」は誤用が生じやすい語だということなのであろうか。出典がある語なので正しい言い方はもちろん一つなのだが、たとえ誤用と言われるものであっても、作家の自由な表現は尊重するべきだという気もしないではない。

【結論】「頭角を現す」は出典のある語で本来の言い方はこれであるが、バリエーションも多く、それらをすべて誤用と決めつけるのは疑問がある。

102 化けの皮を剝がす 化けの皮を現す

ニュアンスが異なるだけで、どちらも正しい表現

「化《ば》けの皮を剝《は》がす」という言い方がある。「化けの皮」とは、うわべ、体裁のことで、これを主に他人が剝がして、正体・本性を露見させるという意味である。

「化けの皮を剝がす」は、あまり一般的な語ではないせいか、これを子見出しとして載せている辞典はあまりなく、確認した限りでは『大辞泉』と『日国』だけである。ただ、これとよく似た「化けの皮を現す」という言い方を載せている辞典がある。『大辞泉』『日国』はもとより、『大辞林』『広辞苑』などである。

だが、「化けの皮を剝がす」と「化けの皮を現す」とではニュアンスが違うような気がしないでもない。

「化けの皮を剝がす」は、他人が相手の正体・本性を覆っていた皮を剝がしてその本性・正体が現れるようにするという意味合いを持つような気がする。一方の「化けの皮を現す」だと、どちらかと言えば主体は自分で、自分から正体・本性を覆っている皮を取り除いて、その本性・正体を現すという能動的な意味合いを持っているような気がする。もちろん、ニュアンスが異なるだけでどちらも間違った表現でないことは言うまでもないのだが。

なお、「化けの皮を剝がす」には意味が若干異なると思われるが、他にも「化けの皮を剝ぐ」「化けの皮が剝がれる」「化けの皮が剝げる」などという別の言い方もある。

さらに、インターネットで検索してみると、数は多くないのだが「化けの皮を暴く」という言い方が見つかった。化けの皮（をかぶっていること）を、暴露するという意味で使われていると思われ、意味的には「化けの皮を剝がす」に近い気がする。

また、坂口安吾の『安吾の新日本地理』（1951年）には、「目も当てられない化けの皮をさらすハメにおちいること明々白々である」という「化けの皮を晒《さら》す」という例もある。こちらは「化けの皮を現す」に近そうだ。

だが「化けの皮を暴く」「化けの皮を晒す」は現時点では主要な辞典に立項・記述はない。誤用とまでは言えないであろうが、使用は避けるべきであろう。

【結論】「化けの皮を剝がす」と「化けの皮を現す」とでは、本性や正体を露見させる主体が他人か自分かというニュアンスの違いが感じられるが、どちらも間違った表現ではない。

103 返り討ちにあう 返り討ちを果たす

かたきを討つ側、討たれる側の違いによって使い分けを

相手に仕返しをしようとして、逆にまたやっつけられてしまうことを「返り討ちにあう」と言う。「返り討ち」はもともとは、自分と関係のある人を殺傷した相手に復《ふく》讐《しゅう》をしようとして、つまりかたきを討とうとして、逆にその相手に討たれるという意味であるが、これが転じて、仕返しをしようとしたのに再びやられるという意味になったのである。ところがこれを「返り討ちを果たす」と言う人がいる。

「あう」というのはもちろん遭遇するということである。自分がかたきを討とうとして、結果として受身の側になって「返り討ち」に遭遇することはありえるであろう。だがこれを「果たす」と言うと、「果たす」は達成する、完遂するという自分の行為を表す語であるから、かたきを討とうとする側からすれば、自分から「返り討ち」を能動的に達成・完遂することはありえない。したがってこの場合「返り討ちを果たす」という言い方は、語義や語の機能から考えても、成り立たない。

だが立場を逆転させて、かたきを討たれようとしている側からすれば、かたきを討つために襲ってきた相手をやっつけるという意味になり、「返り討ちを果たす」という言い方は成り立つ。ややこしいのだが、立場の違いにより使い分けられると考える

べきであろう。

なお、最近は「返り討ちにあう」の意味を、相手に仕返しをしようとして再びやっつけられてしまうということではなく、単にやっつけよう、襲おうとした相手に反撃されるという意味でも使われることがある。

たとえば、国会会議録に記録されている以下のような使い方である。

「抑止力というのは、（中略）何かをしたら相当自分たちが手痛い返り討ちに遭う、あるいは被害をこうむるということで侵略行為などを思いとどまらせる、これが抑止力でありまして」（2010年5月17日衆議院決算行政監視委員会第四分科会-1号）

ここで使われている「返り討ちにあう」は、かたきを討つことではなく、侵略しようとすれば、相手に反撃されるという意味で使われている。

最近の国語辞典ではこの意味を載せるものが多くなりつつある。本来の意味ではないが、この意味は今後も広まっていくのかもしれない。

【結論】「返り討ちにあう」が本来の言い方で、これをかたきを討とうとする側から「返り討ちを果たす」と言うと、語の意味や機能としても不自然な言い方となるが、かたきを討たれようとする側から見ると「返り討ちを果たす」は可能であろう。

104 めどがつく　めどがたつ

どちらもよく使う、まったく問題のない表現

将来の見通しや見込みがはっきりすることを、「めどがつく」あるいは「めどがたつ」などと言うが、本来はどちらを使うべきか悩んだことはないだろうか。

「めど」は、目ざすところ、目標という意味で、さらに実現の可能性といった意味でも使われる。そもそも「めど」とは、植物の「蓍《めど》」から生まれた語だと言われている。「蓍」はメドハギとも呼ばれるマメ科の多年草で、かつては茎で易占《えきせん》に使う細い棒である「めどき（蓍・筮）」を作った。現在この棒は筮竹《ぜいちく》と呼ばれているが、これを竹で作ることが多くなったからである。


この「めどき（めど）」を使って占うことを「めどを取る」と言っていたようである。

『日国』には、「めどがつく」「めどがたつ」ともに項目がある。

国研のコーパスを検索してみると、「めどがたつ」は69例、「めどがつく」は49例で、「めどがたつ」の方がやや多いものの、ほぼ拮抗《きっこう》した数値だと言ってよいであろう。このようなこともあるからか、新聞では「めどがつく」「めどがたつ」のどちらの言い方も認めている。

なお、「めど」は「目途」と当てることがあるが、これは「もくと」とも読む。意味は「目的」または「めど」のことであるが、新聞では「めど」は仮名書き、「もくと」は漢字表記にしている。

【結論】「めどがつく」「めどがたつ」はともによく使われる言い方で、どちらかが間違いだということはない。

105 嘘をつく 嘘を言う

どちらも『日葡辞書』にも載っている古い表現

「嘘をつく」と「嘘を言う」、この二つの言い方では、どちらを使った方がいいかということである。結論から先に言えば、どちらもよく使われる言い方なので、使用は文脈の中で判断するべきことであろう。「つく」は「吐く」とも書くのだが、細い所から急に強く出すというのが原義で、「ため息をつく」のように「息をはく」や、「反吐《へど》をつく」のように「嘔吐《おうと》する」という意味で使われる。また、好ましくないことを口にする、言うという意味でも使われ、「嘘をつく」はまさにこの意味である。「嘘をつく」と「嘘を言う」はともに比較的古い時代から使われていたようで、日本イエズス会がキリシタン宣教師の日本語修得のために刊行した辞書『日葡辞書《にっぽじしょ》』（1603～04年）にも、「ウソヲツク。または、ウソヲ　ユウ」（片仮名は原文ではローマ字）と、両形出てくる。

現代での使用例では、国研のコーパスで検索すると、「嘘をつく」の方が「嘘を言う」よりも圧倒的に頻度数が多いが、気にする必要はないであろう。

【結論】「嘘をつく」も「嘘を言う」も、どちらも古くから使われている言い方で、どちらを使うかは、文脈で判断するべきことであろう。

106 絆が強まる 絆が深まる

「深まる」は誤用という説があるのだが…

「絆《きずな》」は、人と人との断つことのできない結びつきのことである。この結びつきが一段と強固になることを、「絆が強まる」「絆を強める」と言う。ところが最近はこれを「絆が深まる」「絆を深める」と言っている人がいる。だが、この言い方を誤用だとか、あるいは違和感があると考えている人もいる。これをどのように考えるべきであろうか。

誤用説の根拠は、「絆」はもともとは馬、犬、鷹《たか》などの動物をつなぎとめる綱のことで、「き」の意味は不明ながら「つな（綱）」とかかわりのある語なので、「深まる（深める）」ではなく「強まる（強める）」が正しいというのである。確かに鎌倉時代の辞書『名語記《みょうごき》』（1275年）には、「きずな」の意味は「くびつな」であるという説が見える。だが現代語としては、語源意識も薄れ、そうした中で「絆が深まる」「絆を深める」という言い方が生まれたと考えられる。

実際、国研のコーパスを見ると「絆が強まる」「絆を強める」よりも圧倒的に「絆が深まる」「絆を深める」の例の方が多い。「絆が強まる」4例「絆を強める」16例であるのに対して、「絆が深まる」16例「絆を深める」42例である。

国語辞典の中でも『三省堂国語辞典』『新明解国語辞典』のように「絆が深まる」か「絆を深める」のいずれかの例を載せているものが出てきている。

【結論】「絆が強まる（を強める）」が本来の言い方だが、「絆が深まる（を深める）」も誤用とは言えない。

107 けがをする 傷を負う けがを負う

「けがを負う」も間違いとは言えない

「けがをする」と「傷を負う」が合わさったような形の「けがを負う」をどう考えるかという問題である。「けが」「傷」は、ともに皮膚や筋肉が破れたり裂けたりした部分という意味を持つ類義語だが、「けが」の方は傷を受ける、あるいは傷を作ることの意味もあるので「けがをする」と後接動詞に「する」を取ることができる。一方「傷」にはそのような意味はないので「傷をする」とは言わない。そのため傷を身に受けるという意味で「負傷」という熟語もあることから、「傷を負う」と言うようになったものと思われる。

だが「けがを負う」は、重言と思えなくもないが、「傷」と「けが」が類義語であることから「けが」と「負う」が単純に結びつくことも可能なのではないだろうか。「けがを負う」の例は、けっこう古い使用例があり、また、国研のコーパスを見ても「けがを負う（おう）」で48例見つかる。

【結論】「けがをする」「傷を負う」が本来の言い方であるが、「けがを負う」も誤用とは言えない。

108 苦汁をなめる 苦汁を飲む 苦渋をなめる

「苦渋をなめる」を誤用とする辞書もあるが…

にがい経験をしたり、苦しい思いをしたりすることを「苦汁《くじゅう》をなめる」と言う。「初戦敗退の苦汁をなめる」などと使う。「苦汁」は、にがい汁のことだが、そこから苦しみやつらい経験のこともいう。そのにがい経験をなめる、つまり味わうことが「苦汁をなめる」である。

これと同じ意味で「苦汁を飲む」と言う人もいる。「苦汁を飲む」は「苦汁を飲まされる」と受身形で使われることが多いのだが、『日国』でも子見出しとして立てられており、これを使うことは特に問題はないであろう。

では「苦渋《くじゅう》をなめる」はどうであろうか。国語辞典の中にはこれを誤用だとしているものがある（『大辞泉』『明鏡国語辞典』）。

「苦渋」は文字通り苦くて渋いということの他に、苦しみ悩むという意味もある。「苦渋の色を浮かべる」「苦渋に満ちた表情」などと言うときは後者の意味である。

では、その苦しみなどを、なめたり味わったりする、つまり経験するということはないのであろうか。じつは『日国』には「苦渋をなめる」が立項されている。語釈の冒頭で「『苦汁』と混じたものか」と断ってはいるものの、荒正人《あらまさひと》『中野重治論《なかのしげはる》』（1946年）と森有正《もりありまさ》『霧の朝』（1965年）の二つの例を引用している。

前者の『中野重治論』は、

「心の密室をつねに意識し、その苦渋をなめつくし」

というものである。

国研のコーパスでは「苦渋をなめる」の他に、「苦渋を味わう」「苦渋を飲まされる」といった、規範的な辞典からは誤用だと言われそうな例が存在する。

もともと、にがい汁という意味だった「苦汁」が、「なめる」「飲む」という語と一緒に使われるのは自然なことであろう。だが、「苦渋」も苦しみ悩むということを慣用句としてではなく、それを経験するという意味で字義通りに語を並べただけの表現と考えた場合は、「苦渋をなめる」「苦渋を味わう」「苦渋を飲まされる」も間違いとは言い切れない気がする。

【結論】「苦汁をなめる」「苦汁を飲む」が本来の言い方ではあるが、「苦渋をなめる」も表現としては成り立つのではないだろうか。

109 胸に迫る 胸が迫る

「胸が迫る」も、意味的には問題のない古くからの表現

いろいろの思いが胸に満ちていっぱいになることを「胸に迫る」と言う。「万感《ばんかん》胸に迫る」などという使い方をする。ところがこれを「胸が迫る」と言う人もいるのだが、違いはあるのだろうか。

辞典の中で「胸に迫る」「胸が迫る」の両方を子見出しとして立項しているのは『日国』だけである。そしてどちらにも使用例が引用されている。

たとえば「胸に迫る」の例は、井原西鶴《いはらさいかく》の浮世草子『好色一代男』（１６８２年）で、

「なを思ひは胸にせまり、こころの鬼（煩悩にとらわれる心）骨を砕き、火宅《かたく》（現世のこと）のくるしみも今ぞと、こぼるる泪《なみだ》袖に懸《かか》れば、湯玉のごとし」

というものである。

「胸が迫る」の方は、初出例ではないが、たとえば為永春水《ためながしゅんすい》の人情本『春色辰巳園《しゅんしょくたつみのその》』（１８３３～35年）から、

「思ひこんではなかなかに、案じ過《すご》して胸せまる女心ぞ哀れなり」

という例が引用されている。

「胸に迫る」と「胸が迫る」は「に」と「が」という助詞の違いだけであるが（古

文では主格を表す助詞の「が」は使われないため、引用した『春色辰巳園』も「胸せまる」と「が」がない)、この「に」は動作・作用が行われる場所、出現する場所、帰着点を示す格助詞の「に」であり、「が」は動作・状況の主体を示す格助詞の「が」である。それによる意味の違いはというと、「胸に迫る」は、感情が胸に押し寄せてくる(迫る・迫ってくる)ということになり、「胸が迫る」は、感情で胸がいっぱいになる(迫る)ということになるだろう。つまりどちらも意味的に見て無理のない表現と言えそうである。

「胸に迫る」を子見出しに立てている辞典は『日国』以外にもあるのだが、「胸が迫る」は『日国』だけだというのは、「胸が迫る」は、慣用句・成句にはなっていないという判断があったのかもしれない。

確かに、国研のコーパスでは「胸に迫る」は39例あるのに対して、「胸が迫る」は2例だけである。だが、だからと言って「胸が迫る」を使ってはいけないということではもちろんない。

【結論】「胸に迫る」の方が一般に使われているが、「胸が迫る」も江戸時代から用例が見られ、どちらを使っても問題はないであろう。

110 目をしばたたく 目をしばたく

本来の言い方は「しばたたく」だが、「しばたく」も正解

目をぱちぱちさせてしきりにまばたきをすることを、「しばたたく」と言う。「煙がしみて目をしばたたかせる」などのように使う。ところが、この「しばたたく」の「た」を一つ省略した、「しばたく」と言う人が増えている。

国研のコーパスでは使用例は見つからないのだが、インターネットで検索すると「しばたく」派はかなりな割合を占めていることがわかる。「しばたたく」と「た」が2回続くよりも、1回だけの方が言いやすいということなのであろうか。

本来の言い方はもちろん「しばたたく」である。日本イエズス会がキリシタン宣教師の日本語修得のために刊行した辞書『日葡《にっぽ》辞書』（1603～04年）にも「Xibataqi, qu, aita（シバタタキ、シバタタク、シバタタイタ）」とある。この後にポルトガル語で、盛んにまばたきをするという意味が記されている。

「しば」は「しばしば」などと重ねて言うこともあるが、しきりに、たびたびといった意味で、「たたく」は「叩く」で、しきりにまばたきをするということである。古くは「しばだたく」とも言ったようだ。

『日国』には「しばたく」は見出し語としてあるが、「『しばたたく（屢叩）』の変化

した語」というように解説を「しばたたく」にゆだね、また用例もない。だが、プロレタリア作家の黒島伝治《くろしまでんじ》の小説『老夫婦』（1925年）に、

「『ふむ。』とじいさんは眼をしばたいた」

という用例があるので、けっこう古くから使われていたことがわかる。

『日国』以外の辞典でも、『大辞泉』『大辞林』『広辞苑』では「しばたく」も見出し語として載せており、また、小型の国語辞典も見出し語にはしていないが、「しばたたく」の解説の中で「しばたく」を同義語として挙げるものが増えている。

新聞は、たとえば時事通信社の『最新用字用語ブック』では、

「しばたたく（瞬く）→しばたたく〈「しばたく」とも〉～目をしばたたかせる（筆者注：「瞬」に付された・の記号は常用漢字表にない音訓を表す）」

とあるので、「目をしばたく」も市民権を得た言い方だと言えそうである。

【結論】「目をしばたたく」と「目をしばたく」は、どちらを使っても問題のない言い方である。

111 目をつぶる 目をふさぐ

「見て見ぬふりをする」は、「目をつぶる」だけではない

知っていて知らないふりをしたり、見て見ぬふりをして、欠点などをとがめなかったりすることを「目をつぶる」と言う。「多少の欠点は目をつぶろう」などと使う。「目をつぶる」とは文字通り目を閉じる動作をいうのだが、目を閉じれば何も見えないので、見て見ぬふりをするという意味が生じたと思われる。

ところが目を「つぶる」のなら、それと同じ動作だからという発想なのであろうか、「目をふさぐ」「目を閉じる」も「目をつぶる」同様大目に見るという意味で使っている例がある。

辞典では「目をつぶる」と同じ意味で使われる「目をふさぐ」をすでに認めているものもあり、『日国』『大辞泉』『大辞林』では「目」の子見出しになっている。たとえば『日国』では、竹山道雄《たけやまみちお》の『ベルリンにて』（1957年）の例が引用されている。『日国』には引用されていないが、それよりもやや古い太宰治《だざいおさむ》の『如是我聞《にょぜがもん》』（1948年）の例もある。個人的な興味で長めに引用させていただく。

「この頃、つくづくあきれているのであるが、所謂《いわゆる》『老大家』たちが、国語の乱脈をなげいているらしい。キザである。いい気なものだ。国語の乱脈は、国の乱脈から始

まっているのに目をふさいでいる。あの人たちは、大戦中でも、私たちの、何の頼りにもならなかった。私は、あの時、あの人たちの正体を見た、と思った」

また、国会会議録に、最近の例だが、見て見ぬふりをするという意味で「目を閉じる」と言っている例がある。

「毎回毎回、賃金上昇率の見通しを楽観的にすることで、ああ、今回も百年大丈夫です、ああ、今回も百年大丈夫ですと言って、本当に必要な改革を先送りしている、現状に目を閉じさせているのが現在の政府のあり方だ」（２０１６年11月16日衆議院厚生労働委員会 - ７号）

というものだが、念のために「目を閉じる」を青空文庫で検索してみると、その意味での使用例がいくつかある。たとえば、歌人与謝野晶子《よさのあきこ》の『何故《なにゆえ》の出兵か』（１９１８年）にある、

「婦人なるが故にわざとこういう問題に目を閉じているようなことがあれば、それは国民としての権利を行使する義務を怠ったもので」

などである。けっこう広まっているのかもしれないが、もちろんこの2例は「目をつぶる」と言った方が適切だった例である。

【結論】「目をつぶる」が本来の言い方だが、「目をふさぐ」を認める辞典も出てきている。

112 あごが外れる あごが落ちる

「あご」を使った「大笑いをする」を意味する表現は「外れる」だけか？

大笑いをすることを「あごが外れる」と言う。本当に外れてしまうわけではなく、そのようになりそうなほど大いに笑うことをいい、「あまりおかしくてあごが外れる」などと使う。ところがこれを「あごが落ちる」と言う人がいる。

「あごが落ちる」は『大辞泉』などによると、食べた物がとてもおいしかったときの表現に使われる言い方である。「この料理はあごが落ちるほどおいしい」などと使い、「ほっぺたが落ちる」と同じ意味である。『大辞泉』などは、これを「『顎《あご》を外す』と混同して、『大笑いをする』の意で使うのは誤り」だとしている。だがじつは必ずしもそうとは言い切れない、「あごが落ちる」を大笑いするの意味で使った江戸時代の用例が存在するのである。『日国』に引用されている、人情本の『清談松の調《せいだんまつのしらべ》』（1840～41年）の、「可笑《おか》しいので顎が落ちさうだ」

という例がそれで、大笑いの例であることは間違いない。この意味に使われた「あごが落ちる」の例は『日国』ではこれ一例だけなので、作者が意味を間違えているという可能性も否定できない。だが、江戸時代にその意味で使っている人がいたという証拠にはなる。さらに、『日国』の方言欄を見ると、江戸時代の方言集に、大笑いするという意味の「あごが落ちる」が記録されていたことがわかる。柴田《しばた》虎吉《とらきち》編著の『宮訛《みやなま》言葉の掃溜《はきだめ》』（1821年）という尾張国（現在の愛知県）の方言集に記載されているのだが、今でも愛知の人たちが大笑いすることを「あごが落ちる」と言っているかどうかはわからない。

いずれにしても、「あごが外れる」と「あごが落ちる」の意味の混同は、けっこう古い時代から限られた地域だけのことかもしれないが起こっていたらしいのである。

私には『大辞泉』のように、「あごが落ちる」を大笑いをするという意味で使うのは誤りだと断定する勇気はない。

なお、おいしいという表現ではなく、大笑いするという意味でもない「あごが落ちる」の例がある。池井《いけい》戸潤《どじゅん》『下町ロケット』（2010年）の例で、

「『二十億で、いかがでしょう』突然、財前がいった。その金額に佃は一瞬息を呑む。左側にいる殿村の顎が落ち、瞬きすら忘れた眼が、相手の真面目くさった顔を眺めている」

というものである。驚愕《きょうがく》している表情の形容なのであろう。漫画でそのようなときに、あごが外れ落ちたような顔を描いたものを見た記憶があるのだが、それと同じ描写なのであろうか。類例があるのか気になるところである。

【結論】「あごが落ちる」は「あごが外れる」と意味が混同して、大笑いをするという意味で使われるが、それを間違いだとは断定できない。

113　息もつかせず　息もつがせず

どちらも「息する間もないほどの速さ」を意味する表現

「息もつかせぬ早業《はやわざ》を見せる」のように、息をする間も与えずに続けざまであったりすばやかったりすることを、「息もつかせず」と言う。ところがこの「息もつかせず」を、「息もつがせず」と言う人がいる。

「つかせず」と「つがせず」、1字違うだけだが、「つかせず」は「つく（吐く）」から、「つがせず」は「つぐ（継ぐ）」から派生した語で、まったく別なのである。

「つく（吐く）」は「息をつく」の形で、大きく呼吸する、ためていた息をはき出すという意味である。「息もつかせず」は否定形だから、息をはき出させる機会を与えないほどという意味になる。

一方の「つぐ（継ぐ）」はというと、なくなったものを補うといった意味で、「息もつがせず」はやはり否定形なので、呼吸をする、呼吸を整えることもできないほどという意味になる。

「息もつがせず」の使用例は、国研のコーパスにはないのだが、開高健《かいこうたけし》の『醒めきった情熱者　西鶴』（1972年）に、

「これできたえぬいたから彼の文体は息もつがせぬ饒舌《じょうぜつ》のように見えるけれど」

という使用例がある。

また夏目漱石は、「息もつがせず」ではなく「息も継がず」という言い方をしている。

「息も継がずに巻紙の端から端迄《まで》を一気に読み通して、思はずあっといふ微《かす》かな声を揚げた」（『彼岸過迄』1912年）

もともとの意味は異なるが、どちらも同じように、続けざまであったりすばやかったりすることを表しているのである。

主な小型の国語辞典では、『三省堂国語辞典』と『明鏡国語辞典』だけが「息もつかせず」を子見出しとしているが、「息もつがせず」を子見出しにしている辞典はない。

文学作品の実際の使用例も「息もつかせず」の方が多いので、仕方のないことなのかもしれない。

だが、だからと言って「息もつがせず」を使ってはいけないということではない。

【結論】「息もつかせず」「息もつがせず」は「つかせず」「つがせず」という語による意味の違いはあるものの、ともに息する間もないほどの速さという同じ意味で使われており、どちらも間違いではない。

114 鼻を折る 鼻をくじく

辞書にも「鼻をくじく」は載っている

慢心をくじく、得意がっている者をへこませて、恥をかかせるという意味で、「鼻を折る」と言う。「あの高慢ちきの鼻を折る方法はないものだろうか」などと使う。ところがこれを「鼻をくじく」と言う人がいる。『明鏡国語辞典』は「『出鼻をくじく』と混同して、『鼻をくじく』とするのは誤り」としているが、本当に「鼻をくじく」は誤りなのであろうか。じつは『日国』には「鼻をくじく」という子見出しが存在する。意味は「鼻を折る」と同じとしている。引用されている例は以下のものである。

「ビスマークは仏蘭西の鼻を折《くじ》いて、我国の索漏生《フロイセン》王をして日耳曼《ゼンマン》一統の帝とし」
（三宅《みやけ》花圃《かほ》『藪《やぶ》の鶯《うぐいす》』１８８８年）

「折る」と「くじく」は類義語なので、このように似た意味の慣用句では、どちらも交代して使われてきたのではないだろうか。国研のコーパスを見ると「鼻をくじく」の例は見当たらないので現在ではそう言う人はあまり多くないのかもしれないが、これを誤用だと決めつけることには抵抗がある。

【結論】「鼻を折る」が本来の言い方であろうが、誤用とされることもある「鼻をくじく」も使用例があり誤用と断定できないので、両語とも認めてもいいのではないか。

115 ページをめくる ページをまくる

「めくる」と「まくる」は非常に近い類義語

本や雑誌の紙の一面をはがして裏面にすることを「ページをめくる」と言う。あるいは「本をめくる」とも言う。ところがこれを「ページ（本）をまくる」と言う人がいる。「めくる」と「まくる」の関係は、辞典を見ると、「めくる」は「『まくる（捲）』の変化した語」（『日国』）とある。つまりこの2語は非常に近い類義語なのである。さらに漢字表記も同じ「捲る」なので、漢字で書かれたものはどちらかよくわからないことがある。ただし「まくる」には「めくる」にはない、動詞の連用形に付いて、ずっとその動作を続ける、盛んに…するという意味（「書きまくる」「食べまくる」など）がある。

国研のコーパスでは、「ページをめくる」と「本をめくる」だけで196例、「本をまくる」は3例だけである（「ページをまくる」はない）。この結果を見る限り、一般には書籍などのページを裏面にすることは「めくる」が使われていることがわかる。

だが、『日国』には、書籍を「まくる」という例が引用されている。徳田秋声《とくだしゅうせい》の小説『黴《かび》』（1911年）の「原書を飜《まく》って照合しなどしてゐた」という例である。「めくる」が優勢ではあるが「まくる」を使っても何の問題もないと思われる。

【結論】「ページをめくる」が優勢であるが、「ページをまくる」を使っても問題ない。

116 傘をすぼめる 傘をつぼめる

語感の違いはあるものの、ほぼ同じ意味の表現

開いた傘を徐々に閉じた状態にすることを、「傘をすぼめる」と言ったり「傘をつぼめる」と言ったりする。「すぼめる」と「つぼめる」との違いだが、意味にも違いがあるのだろうか。

「すぼめる」と「つぼめる」は、ともに広がったり膨らんだりしていたものを狭く小さくするという意味で、国語辞典でも厳密な意味の違いを示しているものはほとんどない。

「すぼめる」は「すぼむ」という自動詞に対する他動詞であるが、現代語としては「傘をすぼめる」の他には、「肩をすぼめる」「口をすぼめる」「身をすぼめる」「唇をすぼめる」「目をすぼめる」などとも使われる。

「傘をすぼめる」は、日本イエズス会が刊行したキリシタン宣教師の日本語修得のための辞書『日葡《にっぽ》辞書』（1603～04年）に、「カサヲｓｕｂｏｍｕｒｕ（スボムル）」とあることから、比較的古くから使われていることがわかる。

一方の「つぼめる」はやはり自動詞「つぼむ」に対する他動詞であるが、こちらは花が開く前のつぼみの状態であることをいう動詞「つぼむ（蕾む）」と同語源だという。

「つぼめる」も「口」や「肩」などと結びつけて使われるが、ただ、「肩」の場合は、現代語としては「すぼめる」の方が多いかもしれない。

「傘をつぼめる」の例は、『日国』では、仮名垣魯文《かながきろぶん》の小説『西洋道中膝栗毛《せいようどうちゅうひざくりげ》』（1870～76年）のものが最も古い。

「かさをつぼめてゐすよりとびをり」

という用例であるが、『日葡辞書』の例がある「傘をすぼめる」の方が、古い言い方だったのかもしれない。

面白いことに夏目漱石は「つぼめる」と「すぼめる」を使い分けていたように見受けられる。「傘」は「つぼめる」を、「体」や「肩」は「すぼめる」を使っているのである。

いずれにしてもどちらが正しいということはなく、後は語感の問題であろう。私自身は、「傘をすぼめる」は開いていた傘をせばめて半開きにすること、「傘をつぼめる」は開いていた傘を閉じることという違いがあるような気がする。あくまでも個人的な語感なのだが、「すぼめる」の方が開いていた傘を一気に閉じるのではなく、徐々に閉じる印象を受けるのである。


【結論】「傘をすぼめる」と「傘をつぼめる」は語感の違いはあるものの、どちらも開いた傘を閉じた状態にする表現である。

117 棚に上げる 棚へ上げる

「棚に上げる」が優勢ではあるが……

自分に不利になることや欠点などのような、不都合なことにはわざとふれないでおくことを「棚に上げる」と言う。ところが辞典によっては（『日国』『大辞林』など）、「棚へ上げる」という言い方も載せている。これをどのように考えるべきであろうか。「棚に」と「棚へ」は移動の目標や到達点を表す助詞の「に」と「へ」の違いで、この意味の「に」と「へ」は現在ではあまり区別されないので、どちらを使っても特に問題はないという考え方もできる。

だが実際に使うときにはやはり気になるのではないだろうか。特に、『日国』は、「棚に上げる」には語釈がなく、解説は「棚へ上げる」にゆだねている。引用されている用例は、実際に物を棚の上に置くという意味の例と一緒に載せられているのだが、いずれも古典例からあり、現代語としての使い方と特段の違いはなさそうである。『日国』では引用していないが、夏目漱石『草枕《くさまくら》』（１９０６年）には、

「芝居を見て面白い人も、小説を読んで面白い人も、自己の利害は棚へ上げて居る。見たり読んだりする間丈《あいだだけ》は詩人である」

という例があり、これも「棚へ上げる」である。

ただ、『日国』によると、「棚へ上げる」には「棚へ放り上げる」「棚へ置く」といったバリエーションもあったことがわかる。このような例だ。

「斯《こ》ういふ大病を身に持ちながら、其《その》事は棚へほうり上げて置いて、立身出世」（『松《しょう》翁道話《おうどうわ》』1814〜46年）

「自分の失敗を棚へ置いて直ぐ政府に泣《なき》付いて」（内田《うちだ》魯庵《ろあん》『社会百面相』1902年）

この2例はいずれも実際に物を棚の上に置くという意味ではなく、不都合なことにはわざとふれないでおくという意味である。

国研のコーパスを見ると「棚に上げる（あげる）」は110例あるのに対して、「棚へ上げる（あげる）」は0である。現在では「棚へ上げる」がまったく使われないということではなかろうが、使用実態としては「棚に上げる」の方が優勢だと言えるであろう。

辞典では「棚に上げる」のみを載せているものが多いのだが、現代語の辞典としては正しい判断であろう。

【結論】「棚に上げる」「棚へ上げる」はどちらを使っても問題なさそうだが、使用実態を見ると、現在は「棚に上げる」が優勢である。

118

御託を並べる
御託を述べる
御託を言う

「御託を並べる」以外の用例も散見される

自分勝手なことを偉そうに言ったり、つまらないことをくどくどと言いたてたりすることを「御託《ごたく》を並べる」と言う。「いくら御託を並べても駄目なものは駄目なんだ」などのように使う。ところがこれを「御託を述べる」と言う人がいる。

「御託」は、もとは「御託宣《ごたくせん》」、すなわち神仏のお告げのことである。『日国』によると、「それを告げる際の巫子《いちこ》等の口振りから受ける印象が実にもったいぶった偉そうな感じのものであるところから、近世、転じて偉そうにものを言い立てたり、くどくどと話をしたりする意となった」（「御託」項の語誌）のだという。

「御託を並べる」の「並べる」は列挙する、立て続けに言うという意味であるので、語義的には「述べる」とほぼ同じである。だが、「並べる」が使われるようになったのは、偉そうに言いたてたり、くどくどと言ったりするという意味を強調するためであろう。『日国』には「御託を述べる」の使用例はないが、同じような意味の「御託を上げる」「御託を吐《つ》く」の使用例は複数引用されている。だとすると、「御託を述べる」を完全に誤用だと言い切れるかどうか怪しくなってくる。

国研のコーパスではほとんどが「御託を並べる」だが、「御託を言う」という例が書籍で1例ある。また、青空文庫で検索すると「御託を述べる」の使用例が見つかる。「現在の枢軸《すうじく》国家及び民主主義的国家に於《お》ける新聞を見るに、いずれもその民族または国家の特殊性に自己陶酔的なる、離ればなれの御託を述べているに過ぎず」（桐生《きりゅう》悠々《ゆうゆう》『科学的新聞記者』1941年）

というものである。これらは誤用とは言えないかもしれない。

なお、蛇足ではあるが、時事通信社の『最新用字用語ブック』を見ると、新聞では「御託」の表記は「ご託」としているらしい。「らしい」と言うのは、「ごたく（御託）」の項を見ると、「↓ご託〜ご託を並べる」となっているのだが、接頭語の「ご」を見ると「接頭語のうち漢字で書く習慣が強いものや固有名詞的なもの」は「御」と書くとして、その語例に「御託」があるからである。どちらが優先されるのであろうか。

【結論】「御託を並べる」が本来の言い方なので、これを使う方がよいのであろうが、「御託を述べる」「御託を言う」は完全な誤用とは言い切れないと思われる。

119 石にかじりついても　石にしがみついても

「かじりついても」が本来の言い方ではあるが…

どんな苦労をしても我慢して目的を達成しようとすることを、「石にかじりついても」と言う。「石にかじりついてもこの仕事は成功させたい」などと使う。ところがこれを「石にしがみついても」と言う人がいる。

文化庁が行った2008年（平成20年）度の「国語に関する世論調査」でも、「石にかじりついても」を使う人が66・5％、「石にしがみついても」を使う人が23・0％という結果が出ている。

「かじりつく」はしっかりと歯で噛みつくということから、しっかりとくっつく、しがみつくという意味になった語で、しっかりとつかんで離さないようにするという意味の「しがみつく」は類義語だと言ってもよいであろう。

「石にしがみついても」という従来なかった言い方は、そうした意味の類似による混同なのかもしれない。ただ、使用実態を見ると、「しがみつく」は「腕／足／体／首／腰」といった身体の一部や、「権力／親／ハンドル」といった、頼りにするものに対して使われることが多い。

一方の「かじりつく」は「机／本／ゲーム／テレビ／パソコン」などの場合が多い

という違いはある。だが、この2語は比較的柔軟に選択されて使われているのではないだろうか。

だとすると『明鏡国語辞典』は、「『石にしがみついても』は誤り」としているが、本当にそう言い切れるのかと思うのである。

国研のコーパスを見ると「石にかじりつく」が8例、「石にしがみつく」は2例ある。「しがみつく」の2例はいずれも書籍である。国会会議録も「石にかじりつく」85件、「石にしがみつく」8件と、現時点では「かじりつく」の方が優勢である。

「しがみつく」の書籍例があるからというわけではなく、「かじりつく」と「しがみつく」が柔軟に交代している状況を見ると、「かじりつく」が本来の言い方であるということは理解しつつも、「石にしがみついても」も認めてよいような気がするのである。

【結論】「石にかじりついても」が本来の言い方であるが、「石にしがみついても」も「かじりつく」と「しがみつく」が柔軟に交代している状況を考えると認めてよいのではないだろうか。

120 上には上がある 上には上がいる

「上には上がある」が本来の言い方ではあるが…

最高にすぐれていると思っても、さらにそれより上のものがあるということを「上《うえ》には上《うえ》がある」と言う。予想外に度を越していることに対する驚きの気持ちを表したり、うぬぼれや欲望を戒める意味で使ったりする。たとえば太宰治《だざいおさむ》は、『パンドラの匣《はこ》』（１９４５〜46年）という小説の中で、

「けふ或る人の実に偉大な書翰に接し、上には上があるものだと、つくづく感歎して」

と使っているが、これが典型的な用法だろう。

ところがこれを「上には上がいる」と言う人がいる。

国研のコーパスでは、「上には上」の後にどのような語が接続しているのか、語の解析方法に問題があるため簡単には検索できないのだが、私が調べた限りでは「上には上がある」が9例、「上には上がいる」が8例と、数え違いでなければほぼ同数である。「いる」のうち3例が書籍、1例が雑誌で残りはインターネットからである。また国会会議録も平成になってからの使用例は「ある」「いる」ともに2件ずつとなっている。つまり「上には上がいる」はけっこう広まっているようなのである。だ

が、辞典では『明鏡国語辞典』が「上には上がいる」は誤りだとしている。

「いる」を選択してしまうのは、実際の使用場面としては、自分または話している相手などより「上位者」が存在するという意味であることが多く、これは主に「人間」についての描写なので、「ある」とは言いにくいということがあるのかもしれない。

確かに「上には上がある」が本来の言い方なのだが、許容範囲と考えていいのではないだろうか。

【結論】「上には上がある」が本来の言い方ではあるが、「上には上がいる」も認めてもいいのではないだろうか。

121 年に似合わぬ 年に合わぬ

どちらも「年齢以上の能力がある」を意味する表現

その年齢に合致しないという意味で「年《とし》に似合わぬ」と言う。多くその年齢に期待される以上の外見や能力であるというプラスのニュアンスで使われる。「年に似合わぬ健康な体をしている」などと使う。ところがこれを「年に合わぬ」と言う人がいる。『明鏡国語辞典』ではこの言い方を、「注意」として「『年に合わぬ』は誤り」としている。だが、本当にそうなのであろうか。

『日国』には、「年に似合わぬ」の項目はないのだが、「年に合わず」という項目がある。用例はいずれも古典例であるが、そのまま引用する（ただし現代語訳を補った）。

＊宇津保《うつぼ》物語〔970～999頃〕俊蔭《としかげ》「文も読ませず、いひ教ふる事もなくておほしたつるに、年にもあはず、丈たかく心かしこし」

〔現代語訳〕（わざと）書物も読ませず、いろいろと教え諭すこともしないで養い育てたところが、（この子は）年齢不相応に背も高く、気遣いも賢明である。

＊能因本枕草子《のういんぼんまくらのそうし》〔10C終〕一八二・宮にはじめてまゐりたるころ「いといまめかしう身のほどとしにはあはすかたはらいたし」

〔現代語訳〕ひどく現代風で、わたしの身分や年には不相応なことで、いたたまれない感じである。

これらの「年に合わず」の例は、「年に似合わぬ」と同じ意味で使われている。古語と現代語とでは違うと言われればそれまでなのだが、私は「年に合わぬ」を誤用と言い切る勇気はない。

【結論】「年に似合わぬ」が本来の言い方であるが、「年に合わぬ」も誤用とは言えないと思われる。

122 巻き添えを食う 巻き添えになる

「食う」も「なる」も多数の用例がある

他人のひき起こした事件や行為に巻き込まれて迷惑や損害をこうむることを「巻き添えを食う」と言う。「けんかの巻き添えを食う」などのように使われる。ところがこれを「巻き添えになる」と言う人がいる。

「巻き添え」は、他人の行為に関連して被害・迷惑を受けるという意味で、通常は「巻き添えを食う」の形で使われることが多いのだが、「君を巻き添えにして本当に申し訳なかった」などのように、「（人を）巻き添えにする」という言い方もされる。「巻き添えにする」をされる側から言えば「巻き添えになる」になるわけだから、「巻き添えになる」も不自然ではないと思われる。

たとえば、中里介山《なかざとかいざん》は『大菩薩峠《だいぼさつとうげ》』（１９１３〜41年）で、

「わたしはついつい怖ろしい人殺しの巻添えになってしまいまして」（弁信の巻）

と使っている。

国研のコーパスでは、「巻き添えを食う」は、「食う」のぞんざいな言い方である「食らう」と結びついた「巻き添えを食らう」３例と合わせて24例あるのに対して、「巻き添えになる」は14例である。

国会会議録を検索してみると平成以降では、「巻き添えを食う（食らう）」が38件、「巻き添えになる」が47件と「巻き添えになる」の方がやや多い。

コーパスや国会会議録のこのような結果を見ると、「巻き添えを食う」と言っても「巻き添えになる」と言っても、どちらも不自然ではないと考えられるのではないだろうか。

【結論】「巻き添えを食う」が本来の言い方だが、「巻き添えになる」も意味の上から不自然な言い方ではない。

123 妍を競う 妍を争う

どちらも「美しさを張り合う」を意味する表現

美しさを張り合うことを「妍《けん》を競《きそ》う」と言う。通常は女性や花について用いることが多い表現で、「和服姿の女性が妍を競う」のように使う。ところがこれを「妍を争う」と言う人がいて、この言い方は誤用だとされることがある。だが本当にそうなのであろうか。

と言うのは、「妍」は、容貌などが優美なこと、美しいことといった意味であるが、『日国』の「妍」という項目で引用されている例は、その誤用とされる「争う」の例の方が多いのである。

矢野龍渓《やのりゅうけい》の小説『経国美談《けいこくびだん》』（1883～84年）は「桜桃《おうとう》妍を競ふ」で本来の言い方とされる例であるが、洒落本《しゃれぼん》の『廓宇久為寿《さとうぐいす》』（1818年）は「紅白妍《けん》を争ひて」であるし、人情本の『恩愛二葉草《おんあいふたばぐさ》』（1834年）は、「紅白妍《けん》を諍《あらそ》ひ」、川上眉山《かわかみびざん》の小説『宝の山』（1891年）は「妍《けん》を闘はして」である。

「競う」と「争う」は、類義語であるが、「美しさを競う」「腕を競う」「技を競う」などのように、物事の程度や能力の優劣などを対象とする場合は「競う」を使う方が多いと思われる。

「闘う」も、「争う」とまったく同じ意味ではないが、同義語と考えていいだろう。「妍を競う」もまさにその意味に含まれるわけで、これを「争う」としても誤用とは言い切れない気がする。

「妍を競う」が本来の形ではあるが、「妍を争う」も許容範囲と考えるべきなのではなかろうか。

【結論】「妍を競う」が本来の言い方ではあるが、「妍を争う」も許容できるものと思われる。

column 3

コロケーションは常に変化し、増え続けている

本書で取り上げたようなコロケーション、すなわち2語以上の単語の接続がある程度固定化している関係だが、なぜその語とその語が結びつくようになるのかは、よくわからないことが多い。もちろん故事から生まれた表現は、「間髪《かんはつ》をいれず」「食指が動く」などのように出典のあるものがほとんどなので、その出典の形からさほど逸脱せずに使われている。とは言うものの、完全にそのままの形で使われ続けているというわけではないのだが。「間髪をいれず」にしても、古くはより原典に近い「間《かん》に髪《はつ》を容《い》れず」の形で使われていたのだが、今では「に」が落ちた形で使われる。

結びつきの相性、親和性は、最初に誰かがそのように使ったとか、その語と結びつけた形が言いやすかったとか、さまざまな理由があるのであろう。

ということは、その結びつきには確固とした根拠はないのかもしれないということになりそうである。

たとえば「将棋を指す」「碁を打つ」が本来の言い方だが、なぜこのように言

うのかはっきりと説明できない。一応、「将棋を指す」の項目で、「指す」とが結びついた理由を、「盤上の駒を動かす行為がそのように感じられるということかもしれない」と書いたり、「碁を打つ」の項目でも「碁」と「打つ」とが結びついたのは、「石を置くという動作が、『打つ』の語義にかなうからなのであろうか」と書いたりしてみたが、あくまでも推測の域を出ない。そう言われていたから、そうなのだという、何の答えにもならないものがけっこうある。

コロケーションは、使われ続けていくうちに本来とは違う形に変えられてしまうということも頻繁に起こる。本書で取り上げた、本来の言い方とは違う言い回しは、言ってみればすべてそうしたものと言えるのかもしれない。ただ、本来の意味から大きくずれてしまった言い方になったり、まったく意味をなさない語と結びついてしまったりしたものは、やはり誤用と言えるであろう。

たとえば、本書で取り上げた「雪辱を果たす」も、「雪辱を晴らす」と言う人が増えている言い方である。本文と重複するが、「雪辱を果たす」で、辱《はじ》を雪《すす》ぐことを成し遂げるという意味になる。ところがこれを「雪辱を晴らす」と言ってしまうと、「晴らす」は不快なものを払い除いて快くするということだから、意味不明の言い方にしかならない。「雪辱を晴らす」は、おそらく「屈辱を晴らす」

との混同から生まれた言い方だと思われるが、やはり誤った使い方であるとしか言いようがないのである。

だが、わずかな違いだけの言い方になったものは評価が難しい。たとえば、本書でも取り上げた「間が持てない」だが、「間が持たない」の形も増えていて、これをどう考えるかということである。本来の言い方とされるのは「間が持てない」の方である。この二つは後接の動詞が「持てない」か「持たない」かという違いではあるが、「持てない」と「持たない」では、下一段動詞か五段動詞かという違いもあるが、ニュアンスとしては「持てない」の方が、その空白となる時間を何とかしたいのだがどうにもならないという感じが強い気がする。だが、どちらを使っても文法的に間違いではなく、本文でも紹介したように、文化庁が行った「国語に関する世論調査」でも、「間が持たない」を使う人（61・3％）の方が、「間が持てない」を使う人（29・3％）よりも多いという逆転した結果が出ているのである。辞書の中にはこの「間が持たない」を認めるものも出てきているわけで、新たな語と語の結びつきが広く受け入れられていると考えるべきなのかもしれない。

本来のものとは違う言い方はどのように生まれるのか。もちろんこれも予測できないことではあるが、たとえば「腹を割る」ということばでその可能性を考えてみよう。

「腹を割る」は「腹」と「割る」との結びつきの強い表現である。本心を打ち明けるという意味で、「腹を割って話す」などと使う。「腹」は「はら」と読むのが普通である。

ところが、あるインタビュー記事で、著名な元外交官が「おなかを割って」と言っているのを読んだことがある。「おなかを割る」などと言われると、私などはつい腹筋が割れた状態を連想してしまうのだが、おそらく、その元外交官も「腹を割る」という言い方は知っていたであろう。だが、その場の雰囲気で、ややくだけた言い方としてそのように使ったのかもしれない。もちろん「おなかを割る」などという言い方はほとんどの人は使わないであろうが、話しことばで何気なくこのような言い方をする人が出てくると、やがてはこうした言い方も広まってしまうのではないだろうか。特に話しことばの場合に、バリエーションが生まれやすい気がするのである。

ことばに新しい意味が加わり、それによって新しく語と語の結びつきの強い関係が生まれるのではないかと思われることもある。

たとえば、２０１７年に新語・流行語の賞を受賞した「忖度《そんたく》」がそれである。「忖度」は別にこの年に生まれたことばというわけではなく、平安時代に菅原道真《すがわらのみちざね》の漢詩に使われているくらい、古いことばなのである。だがその意味は、「忖」も「度」もはかるという意味の漢字で、他人の心の中や考えなどを推し量るということである。つまり、現在使われているような、それによって何か配慮をするというニュアンスはまったくない。従来の国語辞典では、本来の意味である、推し量るという意味だけしか載せてこなかった。

ところが、近年、配慮する、とりはからう、気配りするという意味がこの語に突然加わり、従来は「忖度する」という、「する」というサ変動詞と結びつく用法しか見られなかったのだが、たとえば「忖度がはたらく」「忖度を入れる」「忖度を受ける」などといった使い方が盛んにされるようになった。国語辞典では、「忖度」に新しい意味を追加で載せたとき、おそらくこれらの使用例も付け加えることであろう。

「忖度」という語は、突然新しい意味が加わったという点、さらにはそれによって従来なかった言い回しが生まれたという点で、非常に興味深い事例だと思える。「忖度がはたらく」「忖度を入れる」「忖度を受ける」という言い方が、どの程度定着するかわからないが、コロケーションはこうした多くの人が何気なく使い始めたことからも、広まっていくのではないかと思うのである。

PART 4

読み方は同じ。正しいのは？

124 初心に帰る 初心に返る

「帰る」と「返る」では微妙にニュアンスが異なる

最初に思い立ったときの純粋な気持ちに立ち戻ったり、学問や芸道の道に入ったばかりのことを思い出したりするという意味で、「初心にかえる」と言うことがある。この「かえる」だが、「帰る」と書くか「返る」と書くかで揺れているのである。「帰る」「返る」は同訓の類語であるが、若干ニュアンスは異なる。「帰る」は人が自分の意志で元の場所へ戻るという意味であるのに対して、「返る」はモノが元の状態に戻るという意味である。したがって、「初心にかえる」の場合、人が主体と考えれば「帰る」を使うことになるであろうし、心のあり方というモノが主体と考えれば「返る」であろう。

主な国語辞典でも、「初心にかえる」という子見出しはないが、それを例文として挙げている場合、『新明解国語辞典』『三省堂国語辞典』『明鏡国語辞典』などは「返る」としている。

ただし、最近は「かえる」の部分を仮名書きにするものも増えてきている。たとえば、『新選国語辞典』『現代国語例解辞典』『広辞苑』『大辞林』などである。

国研のコーパスを見ると、「帰る」11例、「返る」8例で拮抗《きっこう》している。国会会議録を見ると、「返る」という表記の方が圧倒的に多い。

新聞では、「初心に帰る」と書くようにしている。

なお、コーパスでは、「初心に戻る」という言い方も見つかる。この言い方は、国会会議録でも61件あり、そのうちの3分の2は平成になってからの例なので、最近になってからの言い方なのかもしれない。「かえる」と「もどる（戻る）」は類義語なので、「初心にもどる」も誤用とは言えないであろう。

「初心」の場合、「帰る」か「返る」かの一方には決めず、「初心にかえる」と仮名書きにするという方法もあるような気がする。

【結論】「初心にかえる」の「かえる」の表記は「帰る」か「返る」かで揺れている。意味の違いはあるものの、どちらか一方が誤りということはない。気になるのなら「初心にかえる」と仮名書きにするのも一つの方法である。

125 跡を絶つ／後を絶つ

絶つのは「跡」か「後」か？

「参拝客が跡を絶たない」と言うときの「跡を絶つ」だが、「あと」を「後」と書くと誤りなのであろうか。「跡を絶つ」はそのことがすっかり起こらなくなるという意味だが、普通は冒頭の例文のように「跡を絶たない」と否定形で、途切れることがないという意味で使われることが多い。

なお、「あとを絶つ」には「消息を絶つ」という別の意味もあるのだが、これに言及すると話が煩雑になるので、この意味には触れない。

各辞典を見ると、『日国』『大辞泉』は「跡を絶つ」の形で見出し語を立てている。『広辞苑』は「跡を絶たない」と否定形である。『大辞林』は「後を絶たない」と否定形で見出し語を立てているのだが、「あと」は「後」である。つまり辞典によって扱いが異なるのだが、これらの辞典は「跡」「後」の使い分けについて述べていない。

これに対して『明鏡国語辞典』は、「あと（後）」の項目で、「『後／跡を絶つ』」は、前者は後続が絶える意、後者は痕跡《こんせき》を残さない意。『事故が後を絶つ／犯行の跡を絶つ』」とし、さらには「あと（跡）」の項目で、「一般には『跡』を使う」としつつ、「『跡を絶つ』も『後を絶つ』と書くと、痕跡がなくなる意から後続が絶える意となる（「事故が後を絶たない」）」と、かなり踏み込んだ説明をしている。つまり、『明鏡』によれば、同じ「あとを絶つ」でも、「後」と書くか「跡」と書くかで意味が異なるということになる。これは、「後」は、前方へ進んでいくものの背後の方向であり、「跡」は何かが通っていったり起こったりするしるしとして残るものであるという意味の違いによると判断したのであろう。確かにそのような考えは妥当と思われる。

ただ、実際にはそこまで考えて表記するケースは少ないようで、国研のコーパスは、「あとを絶つ」「あとを絶たない」の「あと」は、「跡」「後」「あと」の三通りの表記が確認できる。新聞では、「後を絶たない（継続）」（共同通信社『記者ハンドブック』）のように、「後」と書くようにしている。

最後に、冒頭で消息を絶つ意味の「あとを絶つ」には触れないと書いたが、いちおう少しだけ述べておこう。この場合の「あと」は「跡」と書かれることが多いようだ。「絶つ」つまり終わりにしてしまうのはこれまでつながっていたしるしとなるもの（関係）だからであろう。新聞も「跡を絶つ（消息）」（共同通信社『記者ハンドブック』）としている。

【結論】「跡を絶つ」と「後を絶つ」は「跡」と書くか「後」と書くかで意味が異なることも考えられるが、「跡」「後」どちらを使っても間違いではない。

126 高みの見物 高見の見物

事のなりゆきを見物するのは、「高み」から?「高見」から?

事のなりゆきを、第三者の立場から興味本位に傍観することを「高みの見物」と言うが、この「高み」を「高見」と書くかという問題である。

「高み」と「高見」は、表記が変わることによって意味も変化していった語だと思われる。どういうことかと言うと、「高み」は、形容詞「たかい」の語幹に、そのような状態をしている場所を表す接尾語「み」の付いたもので、高いところという意味の語である。ところがこの「み」を「み（見）」と考えて「高見」という表記が生まれ、高いところから見おろすことという意味になり、さらには直接関係のない立場で傍観することという意味に変化していったようなのである。

そしてこの「高見」の表記が、高いところという意味の場合でも使われるようになり、特に近代以降は「高見」と書かれたものが多くなる。『日国』で引用されている、樋口一葉《ひぐちいちよう》『たけくらべ』（１８９５～96年）、小栗風葉《おぐりふうよう》『恋慕《れんぼ》ながし』（１８９８年）、桜《さくら》井《い》忠温《ただよし》『銃後』（１９１３年）などはすべて「高見」である。また、子見出し「高みの見物」で引用されている２例、内田魯庵《うちだろあん》『社会百面相』（１９０２年）、生方敏郎《うぶかたとしろう》『明治大正見聞史』（１９２６年）もどちらも「高見の見物」という表記である。

小型の国語辞典では「高見」を当て字としているものが多い（『岩波国語辞典』『現代国語例解辞典』）。ただし『新明解国語辞典』は借字としている。また、『明鏡国語辞典』はさらに踏み込んで、「高みの見物」では、「『高み』を『高見』と書くのは誤り」としている。

新聞では、「高みの見物」と書くように指示している（時事通信社『最新用字用語ブック』）。

新聞記事などでは表記が揺れることを避けるために「高み」にしているのであろうし、「高みの見物」の場合、「高見の見物」と書くと重複表現になるということもありそうである。もちろんそれはそれで一つの考え方だとは思うが、『日国』で引用された用例を見ると、「高見」と書くことがすべて誤りと言い切れるかどうかは疑問である。

【結論】語の成り立ちから言えば「高み」が本来の表記であるが、当て字である「高見」を誤用だとは言えないであろう。

127 笠に着る　傘に着る　嵩に着る

権威を利用して威張るときに着るのは、どの「かさ」か？

まずは以下の二つの文章をお読みいただきたい。一つ目は岡本綺堂《おかもときどう》作の『半七捕物帳《はんしちとりものちょう》』「お文の魂」（春陽堂文庫　１９４２年）、もう一つは岸田国士《きしだくにお》の『秋の雲』（１９５１年）という小説からである。

「御用を嵩に着て弱い者を窘《いじ》めるなどといふ悪い噂は曾《かつ》て聞《きこ》えたことがなかった」

「役目を傘に着て人民を威嚇《いかく》するやうな調子はみぢんもなく、むしろコンコンと生徒を諭す教師のやうな、情味にあふれた説得のしかたであった」

どこに注目していただきたかったのかというと、前者の「嵩に着て」と後者の「傘に着て」の部分である。

権勢のある者をたのんで威張ったり、自分の側の権威を利用して他人に圧力を加えたりすることを「かさに着る」と言う。普通「かさ」は「笠」と書く。たとえば、次の夏目漱石の『吾輩は猫である』（１９０５〜06年）でもそう表記されている。

「所《ところ》が委任された権力を笠に着て毎日事務を処理して居ると、是《これ》は自分が所有して居る権力で、人民抔《など》は之について何等《なんら》の喙《くちばし》を容《い》るる理由がないものだ抔と狂ってくる」

「笠」「傘」「嵩」だが、「笠」と「傘」は雨や雪を防ぎ、また日光をさえぎるためのもので、「笠」は頭に直接かぶるもの、「傘」は柄を付け手に持つようにしたものという違いがある。つまり「笠」は身に付けるものなので「着る」とも言えるが、「傘」は少し無理がある。

また、「嵩」はこれらとはまったく異なり、物の分量や容積のことである。「嵩にかかる」の形で、優勢なのに乗じて攻めかかる、相手を威圧するような態度をとるという意味になる。「笠に着る」を「嵩に着る」と書いてしまうのは、この「嵩にかかる」と混同してのことではないかと言われている。

いずれにしても「笠に着る」が本来の表記なので漢字ではそのように書くべきである。ただし「笠」は常用漢字外の漢字であるため、新聞では「かさに着る」と仮名書きにしているようであるが。

【結論】「笠に着る」が本来の表記である。ただし「笠」は常用漢字外の漢字であるため、「かさに着る」という表記もある。

128 活を入れる 喝を入れる

人を元気づけるのは「活」か「喝」か？

活発でないもの、衰弱したものなどに刺激を与えて元気づけるときに使う、「かつを入れる」という言い方がある。「かつ」は「活」なのだが、これを「喝」だと思って、「喝を入れる」と書く人がいる。もちろんこれは間違った表記である。

「活」は、気絶した人の息を吹き返らせる術のことで、「活を入れる」のもともとの意味は、気絶した人の急所をついたりもんだりして、息を吹き返らせることをいうのである。

一方「喝」の方は、禅宗で、修行者を叱り、どなりつけて導くときなどに用いる叫び声のことである。禅僧が、「カツ！」と大声を発しているのをドラマか何かで見たことがあるであろう。

国研のコーパスを見ると、「活を入れる（いれる）」は28例なのに対して、「喝を入れる（いれる）」は21例ある。「喝を入れる」がかなり広まっていると見るべきで、書籍の例も多く、気をつけなければならない。

また、コーパスには「活が入《はい》る」という例があるが、これは表現として問題なかろう。

ちなみに修行者などに対して「喝」と叫ぶことを、鎌倉・南北朝時代の臨済宗の僧夢窓疎石《むそうそせき》が足利直義《ただよし》の問いに答えた法話集『夢中問答集《むちゅう》』(1342年)には「喝を下《くだ》し」とあるので、「喝を下す」という言い方もあったのかもしれない。

【結論】「活を入れる」の「活」は、気絶した人の息を吹き返らせる術のことで、これを「喝を入れる」とするのは誤った表記である。

129 論を俟たない 論を待たない

「俟つ」も「待つ」も同じ意味だが、どっちが適切？

論ずるまでもない、当然のこととして明らかであるということを、「論をまたない」と言う。「彼女の考えが正しいことは論をまたない」などと使う。「またない」は漢字では「俟たない」と書くのだが、これを「待たない」と書く人がいる。「俟つ」と「待つ」で、同じ「まつ」なので「待つ」と書いてもよさそうなものだが、慣用として「俟つ」を使ってきた。「論を待たない」は誤用だと言う人もいる。「俟」という漢字の字音は「シ」で待つという意味である。「…をまたない」の形で、…するまでもない、その必要がないの意味で使われる。

国研のコーパスで「論を待たない」は19例ある。これに対して「論を俟たない」は2例でいずれも書籍例。これ以外に「またない」と平仮名表記にしているものが23例あり、この形が一番多い。このような結果を見ると、本来の表記である「論を俟たない」の「俟」は常用漢字ではないので無理して漢字で書いたり、誤用とされる「待」と書いたりするよりも、平仮名にした方が無難なのではなかろうか。

【結論】「論を俟たない」が本来の表記である。「俟」は常用漢字ではないので、これを誤用とされる「論を待たない」と書くよりも、「論をまたない」と書く方が無難と思われる。

130 涙を振るう 涙を奮う

「私情や同情を捨てる」とき、涙はどうなる?

私情や同情を捨てることを「涙《なみだ》を振るう」と言う。「涙を振るって部下を厳罰に処する」などと使う。だが、これを「涙を奮う」と書く人がいる。

同じ「ふるう」という読みだが、意味がまったく違う。「涙を振るう」は涙を振り払って、私情を捨てるという意味である。古い例では「暗黒なる前途の闇に涙を揮《ふる》ひて首府に帰りしは」（宮崎湖処子《みやざきこしょし》『帰省』1890年）のように、「揮う」と書いているものもある。だが、これを気力を盛んにする意味の「奮う」と書くと、意味がよくわからなくなってしまう。国研のコーパスには使用例は見当たらないが、青空文庫で検索すると、佐々木味津三《ささきみつぞう》の『右門捕物帖《うもんとりものちょう》』の「村正騒動」に、「とうとう師の正宗が涙を奮ってこれを破門したところ」という例がある。

なぜ「奮う」と書いてしまうのか。読み方が同じということもあるだろうが、「気持ちを奮い立たせる」というような用法からの誤った類推なのかもしれない。

「涙を奮う」はあまり広まっていないとは思われるが、『明鏡国語辞典』では「誤り」としているように、やはり誤用なのでそのように書かないように注意したい。

【結論】「涙を振るう」が本来の表記で、これを「涙を奮う」と書くのは誤用である。

131 科を作る 品を作る

なまめかしいしぐさは「科」か「品」か？

なまめかしい様子やしぐさをすることを「しなを作る」と言う。「しなを作って目くばせする」などと使う。この「しな」は辞典によって表記に揺れがある。たとえば『大辞泉』『広辞苑』は「科を作る」だが、『大辞林』では「品を作る」なのである。

この場合の「しな」は、ちょっとしたしぐさやふるまい、あだっぽいしぐさの意味であるが、古くから「科」「品」どちらも使われてきたのである。たとえば『日国』では「しなを作る」の用例は3例引用されているが、浮世草子の『世間娘容気《せけんむすめかたぎ》』（１７１７年）は「品」、山本有三《やまもとゆうぞう》の小説『波』（１９２８年）は「科」なのである。もう一例の長塚節《ながつかたかし》の小説『土』（１９１０年）は「嬌態」と書いて「しな」と読ませている。

だとすると、「科」でも「品」でも構わないということになりそうだが、どうしたわけか小型の国語辞典は、ほとんどが「科」なのである（『新選国語辞典』は仮名書きにするとしている）。こうしてみると『大辞林』だけが独自路線を歩んでいるということになるのかもしれない。

従来の表記を考えれば「品を作る」でも間違いとは言えないであろうが、「品を作る」だと実際何か品物を作るという意味と誤解される可能性も考えられる。だとすると、「科を作る」かあるいは「しなを作る」と書いた方が無難であろう。

なお、『日国』によると、「しなをする」という言い方もあったようで、「『何だか余り生意気のやうで極りが悪いわ』、と嬌態《しな》をする」という二葉亭四迷の『其面影《そのおもかげ》』(1906年)の例などがある。

【結論】「しなを作る」の「しな」は、「科」と書くか、仮名書きにする方が無難であろう。

132 見栄を張る 見得を張る

「見栄」と「見得」の使い分けがされていない用例もあるが…

うわべを飾ったり外観を繕《つくろ》ったりすることを「見栄《みえ》を張る」と言う。ところがこの「見栄」を「見得《みえ》」と書く人がいる。

「みえ」は動詞「見える」の連用形「見え」が名詞化した語で、「見栄」「見得」はともに当て字である。当て字ではあるが、「見栄」と書くか、「見得」と書くかで意味が分かれる。

「見栄」はうわべを飾る意味、「見得」は歌舞伎の所作の意味で使われる。前者は「見栄で『指輪物語』を原書で読む」などと使い、後者は歌舞伎で役者の感情または動作の高揚《こうよう》が頂点に達した際に、一瞬だけ動きを停止して、あるポーズを作る演技をすることを、「見得をする」「見得を切る」などと言う。

「見栄」は、「見栄を張る」「見栄も外聞もない」「見栄を作る」「見栄を捨てる」「見栄がある」などさまざまな言い方がなされる。

ところが、表記は別でも読みは「みえ」であるため、必ずしも使い分けがなされていない使用例がある。『日国』でも、たとえば本来は「見栄」とするべきところを、「見得」としている樋口一葉の『たけくらべ』（1895～96年）の、

「山車屋台に町々の見得をはりて土手をのぼりて廓内までも入込まんづ勢ひ」

という例を引用している。

だが、現在では「見栄」と「見得」の使い分けは、歌舞伎は「見得」、それ以外は「見栄」とかなり定着していると思われるので、その法則にしたがって書き分ける方が無難であろう。

なお、芝居で「みえ」の所作をする「見得を切る」は、意味が派生して、ことさら自分を誇示するような態度をとることもいうようになる。そしてこの場合も「見栄を切る」とうわべを飾る意味の「見栄」を使ってしまうことがあるようだ。たとえば『日国』の「みえをきる」の項で引用されている、横光利一《よこみついち》の『家族会議』(1935年)は、「私は金など儲けるのは好かぬと見栄を切るよりも」

という例である。

もし「見得」と「見栄」のどちらを書いていいのか悩んだ場合は、新聞では「見え」と「え」の部分は仮名書きにしているので、それにならうという手もあるかもしれない。

【結論】「見栄を張る」が本来の表記で、これを「見得を張る」と書くのは、「見得」は歌舞伎で使われることが多い語なので避けた方がよい。

133 腹が据わる 腹が座る

物事に動じないとき、腹は座っている？ 据わっている？

物事に動じなくなったり、覚悟して落ち着いたりすることを「腹がすわる」と言うが、「すわる」を「据わる」と書くか、「座る」と書くかということである。

結論から言えば、「すわる」と読み方が同じなため、つい「座る」と書いてしまいそうだが、「据わる」が正しい。じつは「据わる」と「座る」は同語源であるため、「座る」と書きたくなる気持ちもわからないではないのだが。

「据わる」は、心・肝・性根などが、何事にも動ずることなく、落ち着くことをいう。「赤ん坊の首が据わる」のようにぐらつかないで安定してくるという意味や、「目が据わる」のように、一つ所にとどまって動かない状態になるという意味でも使われる。

一方の「座る」は、膝を折って席につく、腰かけるという意味である。

『大辞泉』『明鏡国語辞典』は「腹がすわる」の「すわる」を「座る」と書くのは誤りだと注記しているが、その通りなのである。

国研のコーパスはその辺の事情を考えなかったのか（知らなかったのか）、「据わる」も「座る」も一緒にして、しかも「座る」でまとめているのは不思議である。その数は12例あるのだが、ほとんどが「据わる」か仮名書き例であるのだが。誤用である

「座る」の例は、書籍のものが1例ある。

なお、似たような意味で「肝がすわる」「度胸がすわる」「性根がすわる」という言い方があるが、これも「すわる」は「据わる」と書く。

たとえば、「肝がすわる」だが、落ち着いていて物事に驚かないことをいう。「若いにもかかわらず肝がすわっている」などと使う。この「すわる」を「座る」だと思っている人もかなりいるようである。何よりも国研のコーパスが、「肝がすわる」はすべて「肝が座る」でまとめられているのである。「肝がすわる」16例のうち、明らかに「肝が座る（坐る）」は2例だけで、残りの例は「据わる」か「すわる」である。この場合も、辞典でも『大辞泉』『明鏡国語辞典』などは、「肝が座る」は誤りだとはっきりと言っている。新聞も、「据わる」は「どっしり構える、落ち着く、動かなくなる」場合に使うとし、「膝を折って席に着く、一定の地位・場所を占める」場合に使う「座る」とは分けている（共同通信社『記者ハンドブック』）。

【結論】「腹が据わる」が正しい表記で、これを「腹が座る」と書くのは誤りである。

134 肝に銘じる 肝に命じる

「肝」とは何か？「銘じる」とは何か？

心にきざみ込むようにして忘れない、しっかり覚えておくという意味で「肝《きも》に銘《めい》じる」と言う。「先生の教えを肝に銘じて忘れないようにする」などと使う。「肝」は「肝臓」の「肝」であるが、古くは魂の宿るところという意味で心のことをいう。「銘じる」は心に深く記憶するということである。

ところが、最近はこの「銘じる」を同じ読みの「命じる」だと思ってそのように書く人がいる。

国研のコーパスでも、「肝に銘じる（銘ずる）」は143例あるのに対して、「肝に命じる」は7例と、圧倒的に「銘じる（銘ずる）」が多い。だが、7例中4例が書籍からの例なので、校正者の目から漏れてしまった可能性もある。それだけ、「肝に命じる」が浸透しているということなのかもしれない。

話が脱線するが、長岡弘樹《ながおかひろき》の小説『教場《きょうじょう》』（2013年）に面白い例があったので、やや長めに引用する。

「肝に『命じる』は『銘じる』が正しかったと思う。それに、指紋の場合は『採集』ではなく『採取』のはずだ。危なかった。誤字や脱字があれば、一箇所につき、腕立て二十回が課せられてしまう」

「銘じる」だと心に深く記憶するようにするという意味になるが、「命じる」では心に命令するということになるのでまったく意味をなさない。どちらを使うべきかは明々白々であろう。

【結論】「肝に銘じる」が正しい表記で、「肝に命じる」と書くのは誤用である。

135 一堂に会する 一同に会する

共通の目的で集まる同じ場所は「一堂」か「一同」か？

多くの人が同じ場所に集まることを、「一堂《いちどう》に会《かい》する」と言う。「各国の代表が一堂に会する」などと使う。ところがこの「一堂」を同音語の「一同」だと思って、「一同に会する」と書く人がいる。「一堂」は同じ場所、同じ会場という意味であり、「一同」はそこに居合わせた人全部という意味である。そしてこの場合は、同じ建物の中や同じ場所に集まるという意味で、「一堂に会する」と書くべきである。しかも、単に集まるのではなく、『明鏡国語辞典』の語釈にもあるように、「一堂に会する」は「共通の目的をもって」集まると考えるべきであろう。

「一同に会する」はけっこう広まっているようで、国研のコーパスでも17例見つかる。しかもそれはインターネットの書き込みだけでなく、書籍、地方公共団体の広報、白書などさまざまである。この中で「防災白書」は、２００１年版では「一堂に会する」と正しく書かれているが、２００３年版では2例あるものがともに「一同に会する」になっている。書き誤りやすい例だと肝に銘じておきたい。

【結論】「一堂に会する」はつい「一同に会する」と書いてしまうことがあるが、「一堂」が正しいので、書き間違えないように気をつけたい。

136

灯火親しむべし 灯下親しむべし

秋の夜長は読書に適しているを意味する表現は「灯火」か「灯下」か?

秋の涼しさと夜長は灯火の下で読書するのに適しているということを、「灯火《とうか》親しむべし」と言う。「灯火親しむ」は秋の季語にもなっている。ところがこれを「灯下《とうか》親しむ」と言う人がいる。

「灯火」はともしび、あかりのことだが、「灯下」はともしびの下、あかりのそばといった意味である。

そもそも「灯火親しむべし」は、漢籍の出典のある語である。中国唐代の文人韓愈《かんゆ》の「符読書城南詩（ふ、しょをじょうなんによむし）」という詩から生まれたことばである。「符」とは韓愈の子どもの名で、その符に与えた詩の中の「灯火稍可親、簡編可巻舒（灯火ようやく親しむべく、簡編《かんぺん》巻舒《けんじょ》すべし）」という句による。「簡編」は書物の意、「巻舒」は書物を巻いたり広げたりすることである。古くは書物は木簡《もっかん》や竹簡《ちっかん》をひもで編んでいたため、「簡編　巻舒すべし」で本を読みなさいという意味になる。新涼《しんりょう》の秋が訪れ、次第に灯火に親しめるようになった。読書をするのによい季節である。そう言って、子どもの符に読書をして学問に励むよう勧めているのである。

したがって、「とうか」は「灯火」でなければならないわけだが、「灯下」も同音であるだけでなく、あかりのそばといった意味があり、それはそれで意味が取れなくもないため、「灯下親しむ」という表記が生まれてしまったのかもしれない。

国研のコーパスでも、「灯下親しむ」は、

「拝啓　灯下親しむ候　読書に親しむのにもっとも適した季節ということですが」

（伊宮伶『手紙の書き出し実例集』2003年）

といった、手紙の例文集の使用例まである。もちろん単純な誤植の可能性もあるが。

ただ、どうしても「灯下」を使いたいというのであれば、たとえば青空文庫で検索に引っかかるのだが、

「灯下書に親むべき秋」（牧野信一〔編輯《へんしゅう》余話〕「秋近し」1921年）

「灯下書に親しむの時だ」（吉川英治『折々の記』1942年）

「灯下ようやく書に親しむの秋」（吉川英治『随筆新平家』1958年）

という使い方なら問題はないであろう。読んでおわかりのように、これらの例は、親しむのは「書」の方だからである。

【結論】「灯火親しむべし」が本来の形なので、「灯火」を「灯下」とは書かないように気をつけたい。

137

画竜点睛を欠く
画竜点睛を描く(書く)

「画竜点睛」は注意点がいくつかある四字熟語

全体としてはよくできているにもかかわらず、肝心なところが不十分であるため完全とは言えないことを、「画竜点睛《がりょうてんせい》を欠《か》く」と言う。「画竜」とは、絵に描いた竜のことであるが、この最初の「画」という漢字に引かれてしまうのか、「欠く」の部分を「描く(書く)」としてしまう人がいる。だが、「点睛」の「点」は書き入れる、「睛」は瞳のことをいい、「点睛」で瞳を書くという意味になるので、「点睛を描く(書く)」では重言になってしまう。

「画竜点睛を欠く」はもともとは中国の故事で、中国の南北朝時代の梁《りょう》の画家が寺の壁に竜の絵を描き、最後に睛《ひとみ》を描き入れたら、たちまち竜が天に飛び去ったということによる。つまり、瞳を描くということを「欠《か》」いていたというわけである。したがって「描く(書く)」は誤りである。

ところでこの語には、他にも気をつけなければならない点がある。

一つは、「画竜」を「がりゅう」「がりょう」のどちらで読むべきか、ということである。ほとんどの国語辞典は「がりょう」と読ませていて、『大辞泉』などは、「がりゅう」とは読まないとまで言い切っている。NHKも「がりゅう」は誤りだとしている（『NHKことばのハンドブック』）。

「竜」という漢字は、「りょう」は漢音で、「りゅう」は慣用音である。漢音は、遣唐使、留学生などによって伝えられた中国長安地方の漢字音、慣用音とは中国本来の漢字音ではなく日本で広く使われている漢字音である。日本では平安時代の『色葉字類抄《いろはじるいしょう》』（1177〜81年）という辞書にも、「龍」には「りう（=りゅう）」「りょう」両方の読みが示されているので、かなり古い時代から両様の読みが存在していたことがわかる。

現在では、単独で想像上の動物を言うときは「りゅう」、「竜」が含まれる熟語のときは「りゅう」とも「りょう」とも読まれる傾向にあるのだが、「画竜点睛」は中国の故事から生まれた四字熟語なので、「がりょうてんせい」と読むことが慣《なら》わしになっていると考えるべきであろう。

さらにもう一つ、「点睛」の「睛」は「晴」ではないので注意が必要である。

【結論】「画竜点睛を欠く」は、「欠く」を「描く（書く）」と書かないように注意が必要だが、他にも「画竜」の読みは「がりょう」であるということ、「点睛」も「晴」ではないということも忘れてはならない。

138 肩身が狭い 片身が狭い

世間に対して面目が立たないとき、狭くなっているのは?


以下は、小説家牧野信一の『南風譜《なんぷうふ》』という作品の一節である。

「彼女が何か片身《かたみ》の狭い思ひでもしてゐるのではなからうかなどと憂へた験《ため》しもあったが」

この文章のどこに注目していただきたいのかというと、「片身の狭い思ひ」という部分である。「かたみがせまい」は本来は「肩身《かたみ》が狭い」と書くのだが、ここでは「片身」となっている。

私は、国立国会図書館所蔵の甲鳥書林版(1941年)を同館のデジタルコレクションで確認している。もちろん「片身」が「肩身」の誤植だという可能性は否定できない。だが、作家本人がそのように書いていたという可能性もじゅうぶんにある。

国研のコーパスでは「片身が(の)狭い」の使用例は見つけられないのだが、インターネットで検索すると多数ヒットする。

「肩身」は、文字通り肩と身のことで、これで体という意味になる。そしてこれから転じて世間や他人に対する面目という意味になり、さらに「肩身が狭い」で、他人や世間に対して面目が立たない、世間体をはばかる気持ちであるという意味になる。世間体をはばかると体を小さくするからそのように言うのであろう。逆に世間に対して面目が立つという意味で「肩身が広い」とも言う。「片身」の方は体の半分という意味で、それが狭いというのではまったく意味をなさない。

【結論】「肩身が狭い」が本来の表記であり、「肩身」を「片身」と書くのは誤りである。

column

4

なぜ「しく」を「ひく」と言ってしまうのか?

「布団」「箝口令《かんこうれい》」「背水の陣」などは、すべて「~をしく(敷く)」の形で「しく」という動詞と結びついて使われることが多い。ところがこの「しく」を、「ひく(引く)」と言っている人がいる。なぜなのであろうか。

●「布団をしく」の場合

たとえば「布団をひく」は、国研のコーパスを検索しても使用例が見つかる。口頭でのみ使われていると思っていたのだが、文章の中でも使われているのは、かなり広まっているということなのかもしれない。

「しく」は「敷く」で、物を平らに延べ広げるという意味である。布団だけでなく、絨毯《じゅうたん》、畳、茣蓙《ござ》、わら、新聞紙、シートなどを平らに広げる場合はすべてこの語を使う。一方「ひく(引く)」にはこの意味はない。

ではなぜ「しく」を「ひく」と言うのだろうか。江戸後期の方言辞典『浪花聞書《なにわききがき》』(1819年頃)に以下のような一文がある。

「ひく　布団抔《など》敷をひくといふ」

『浪花聞書』は、大坂方言や当時の風俗語などを江戸語と対照させた辞典である。「敷《しく》」ことを「ひくといふ」のはもちろん大坂のことで、これにより「布団をひく」のような言い方は古くは大坂方言だったことがわかる。大阪弁では今でも「ひ」と「し」の発音が交代する現象がしばしば見られる。たとえばヒチヤ（質屋）、ヒツコイ（しつこい）、シタイ（額）、オシタシ（お浸し）などのように。

だが、じつはこれと同様の現象が東京弁においても存在する。かつて国立国語研究所があった東京都北区西が丘の居酒屋で、「アジのしもの」と書かれたお品書きを見たことがある。店主は大阪人ではなかろう。

「しく」が「ひく」になるのは、その発音の混同により「しく」を方言的だと考えて、「ひく」の方が共通語だと誤解して使っているということもあるのかもしれない。さらに、物を平らに延べ広げる動作がその物を自分の方に引き寄せると考えて、「ひく」と言っている可能性も考えられる。

いずれにしても「布団をひく」は方言から生まれた言い方であるため、よく聞かれる言い方ではあるが、文章での使用は避けた方がよい。

●「箝口令をしく」の場合

「箝口令」は、ある事柄に関して口外を禁じることである。「箝口」は「緘口」とも書く。この場合ももちろん「箝口令をしく」が本来の言い方で、「しく」は広く及ぼす、広く触れ示すという意味である。

「しく」は、『日国』で引用している石坂洋次郎《いしざかようじろう》の小説『若い人』(1933〜37年)の「いやに押黙《おし》ってゐたのは、二本の脛《すね》の所有者に箝口令を布《し》かれてゐたものに相違ない」

のように、「布く」と書く例もある。国研のコーパスには「箝口令をひく」の例は見当たらないので、どちらかと言えば話しことばの中で用いられているのかもしれないが、「箝口令をしく」が本来の言い方である。

●「背水の陣をしく」の場合

「背水の陣」は、背後に、河川・湖海《こかい》などを控えてとった陣のことで、退けば水におぼれるところから、味方に決死の覚悟で戦わせる陣立てのことである。「しく」は「敷く」で、配置するという意味である。

この「背水の陣」という語は、古代中国の司馬遷《しばせん》が書いた『史記』の故事による。前漢の名将韓信《かんしん》が趙《ちょう》の軍と戦ったときに、わざと川を背にして陣をとり、味方に退却できないという決死の覚悟で戦わせ、敵を破ったという故事である。

「背水の陣をしいて会社の再建をはかる」などのように使う。

「背水の陣をひく」は、国研のコーパスでは見つからない表現だが、国会会議録や個人ブログなどでは数は多くないが見つけることができる。

おそらく「陣を引く」という言い方があるので、それに引かれて「背水の陣をひく」と言ってしまうということもあるのかもしれない。ただし「陣を引く」は陣営を撤退する、退却することで、正反対の意味である。いずれにしても「背水の陣をしく」が本来の言い方である。

「しく」「ひく」と結びつきやすいことば

「敷く」には、物を平らに延べ広げるという意味があると書いたが、そのような意味合いを持つさまざまな場面で使われる。それを整理すると以下のようになる。

1 「座布団を敷く」「絨毯を敷く」：一面に平らに広げる。物を載せるために平らにして下に置く。下に当てる。

2 「畳を敷く」「砂利を敷く」「アスファルトを敷く」：一面に平らに並べたり、まき散らしたりする。

3 「亭主を尻に敷く」：下に押さえつける。言いなりにさせる。

4 「鉄道を敷く」：設置する。敷設する。
5 「厳重な捜査網を敷く」：配置をする。
6 「箝口令を敷く」「善政を敷く」：隅々まで行き渡らせる。

ちなみに「ひく（引く）」が後に続くものには以下のような表現がある。

●後を引く（終わるはずの事柄がいつまでも続いてきまりがつかない。終えるはずの事柄をいつまでも続けてする）
●糸を引く（陰で人をあやつる。ある行為・状態の影響が、後まで続く）
●尾を引く（物事が過ぎ去ってもその名残が後まで続く）
●風邪を引く（風邪にかかる）
●関心を引く（注意を向けさせる）
●気を引く（相手の関心をこちらに向けさせる）
●心を引く（興味を起こすようにする）
●潮が引く（盛んだった勢いが衰える）
●袖《そで》を引く（人を誘う。そっと注意する）
●体《たい》を引く（後へ下がる）

●手綱《たづな》を引く（勝手な言動をしたり、気を緩めたりしないように他人を抑制する）
●血を引く（祖先や親の血を受けつぐ）
●血の気《け》が引く（恐怖などのために青ざめる）
●手を引く（手と手を携え合う。関係を断ってしりぞく）
●手ぐすね引く（じゅうぶん用意して待ちかまえる）
●熱が引く（病気による高熱がおさまる。熱中する度合いが下がる）
●人目を引く（様子や態度などが目立って、注目される）
●貧乏くじを引く（損な役まわりに当たる）
●幕を引く（幕を閉じる。また、物事を終わらせる）
●眉を引く（眉墨で眉をかく）
●目を引く（人の注意を向けさせる）
●身を引く（これまでの地位などから離れる）
●湯を引く（入浴する）
●弓を引く（手向《てむ》かう）
●例を引く（他を説明するために、同類の中から示す）
●我が田へ水を引く（自分の都合のよいように説明したり処置したりする）

PART
5

漢字は同じ。さて、どう読む？

139 骨をうずめる 骨をうめる

ある事柄に一生をささげることを意味する「骨を埋める」はどう読むか?

「骨《ほね》をうずめる」は、死んで埋葬されるという意味だが、転じて、その場所で生涯を過ごす、あるいは、ある事柄に一生をささげるという意味で使われる。「骨をうずめる覚悟で再就職する」などといった使い方をする。

「うずめる」は漢字で書くと「埋める」だが、これは「うめる」とも読めるため、「骨をうめる」と言う人がいる。ただ「埋める」と漢字で書かれる例がほとんどであるため、「骨をうめる」という例はあまり目立たないのだが。

「うずめる」「うめる」の違いは、『日国』の「うずむ」項の語誌欄に詳しく解説されている。それによると、それぞれ基本的な意味は「うずめる」は物の上に土などを盛り上げて覆うことであり、「うめる」はくぼみなどに物をつめてふさぐ、また、物を土などの中に入れ込むことであるという。中にある物は、どちらの場合でも隠れて見えなくなるところから、同じような意味に用いられるようになったということらしい。

「うずめる」「うめる」は現代語としてはほぼ同じ意味で使われるが、「骨をうずめる」が本来の言い方なので、「骨をうめる」は使用を避けるようにしたい。

【結論】「骨をうずめる」が本来の言い方なので、「骨をうめる」とは言わないよう気をつけたい。

140

幕があく 幕がひらく

物事が始まることを意味する「幕が開く」はどう読むか?

幕があいて芝居などが始まることから転じて、物事が始まることを「幕《まく》があく」と言う。「スポーツ大会の幕があく」などと使う。「あく」は漢字で書くと「開く」となるため、これを「ひらく」と読んで「幕がひらく」と言う人がいる。たとえば太宰治の『パンドラの匣《はこ》』(1945~46年)には、「君、もうすでに新しい幕がひらかれてしまってゐるのです」という例がある。この部分の章のタイトルも「幕ひらく」である。

だが、芝居が始まったり、物事が始まったりするときは言い習わされてきた「幕があく」とするべきであろう。芝居の演技を始めたり、物事を開始したりする場合は「幕をあける」、あるいは「幕を上げる」と言うのが妥当と思われる。

なお蛇足ではあるが、「幕開」と書いて「まくあき」あるいは「まくあけ」と読む。本来は芝居用語で「まくあき」と読み、舞台の演技が始まることをいう。やがてこれが転じて、一般に物事が始まることも言うようになり、「まくあけ」と読むようになる。新聞などは、芝居用語としては「まくあき」を、物事が始まるという意味のときは「まくあけ」を使うようにしている。

【結論】「幕があく」が本来の言い方である。

141 油をそそぐ 油をつぐ

人をあおったりおだてたりすることを意味する「油を注ぐ」はどう読むか?

勢いのあるものをさらに勢いづかせることを「油《あぶら》をそそぐ」と言う。同じ意味で「火に油をそそぐ」という言い方もある。「怒りをしずめるどころか火に油をそそぐ結果となった」などと使う。火に油をそそげば火勢が強くなることからそのように言うのである。

この「そそぐ」だが、漢字で書くと「注ぐ」で、これは「つぐ」とも読める。漢字表記と送り仮名が同じ異訓同字で、しかも語義もほぼ同じであるためかなり紛らわしい。文章中に「油を注ぐ」「油を注いだ」などとあった場合、振り仮名がなければ読みははっきりしないであろう。

実際の行為として油を流し込む場合は、「そそぐ」でも「つぐ」でもいいのだが、慣用句としての「油を注ぐ」の場合は、古くから「そそぐ」のみが認められていて、「つぐ」は「誤用」と見なされている。

ただ、『日国』には、おだてて扇動《せんどう》するという意味で、「油を掛ける」「油を差す」という語が、前者は仮名垣魯文《かながきろぶん》の『西洋道中膝栗毛《せいようどうちゅうひざくりげ》』(1870~76年)の、後者は夏目漱石の『吾輩は猫である』(1905~06年)などの用例付きで立項されている。だとすると扇動するという意味で、「油をつぐ」という慣用句が定着しても、一概に誤用だと排除することはできない気もする。

国研のコーパスでは「注ぐ」の読みを確定していないので、「そそぐ」と「つぐ」の使用頻度はわからない。だが「油を注ぐ」は、やはり「あぶらをそそぐ」と読むべきであろう。

【結論】「油をそそぐ」が本来の言い方で、「油を注ぐ」と書かれていたら「あぶらをそそぐ」と読むべきである。

142

口の端にのぼる 口の端にあがる

うわさになることを意味する「口の端に上る」はどう読むか?

ことばのはしばしに出てきたり、うわさになったりすることを「口《くち》の端《は》にのぼる」と言う。「町の人たちの口の端にのぼる」などと使う。「のぼる」は普通は漢字で「上る」と書くのだが、これを「あがる」と読む人がいる。

「口の端」は、ことばのはしばし、うわさ、評判の意味である。同じ意味の慣用句に「口に上る」もあり、この「上る」もやはり「のぼる」と読まれてきた。

「のぼる」と「あがる」は同字の異訓であり、類義語でもあるが、「うわさにのぼる」「話題にのぼる」などのように、ことばとして表す、取り上げて示すという意味は「のぼる」にしかない。

実際の文章の中では「口の端に上る」と書くことが多いであろうから、「のぼる」「あがる」のどちらなのかわからないケースも多いだろうが、「のぼる」と言うべきである。

また、最近の使用例はほとんどないのだが、「口の端に掛《か》ける(掛かる)」という言い方もある。これは古典例もあり、二葉亭四迷、中里介山、織田作之助なども使っている。

なお、この慣用句を国会会議録で検索していたら、「口の端にのせる（のる）」という例が平成以降5件出てきた。「のせる（のる）」は漢字で「乗せる」と書かれた例もある。この言い方は多くはないが、文学作品の使用例もある。だが、おそらくこれは、ことばを巧みにあやつって人をあざむく意味で使われる「口に乗せる」（現在では「口車に乗せる」と言う方が多いが）との混同であろう。もちろんこれも本来の言い方ではない。

【結論】「口の端に上る」の「上る」は「のぼる」と読むのが本来の言い方なので、これを「あがる」と言ったり読んだりしないように気をつけたい。

143 けむに巻く けむりに巻く

気炎をあげて相手を戸惑わせることを意味する「煙に巻く」はどう読むか？

大げさに言いたてたり、相手があまりよく知らないようなことを一方的に言いたてたりして、茫然《ぼうぜん》とさせることを「けむに巻《ま》く」と言う。「質問には答えずに関係ない話をしてけむに巻く」などと使う。

「けむ」は「煙」のことだが、これを「けむり」と読んで「けむりに巻く」と言う人がいる。だが、この慣用表現は「けむ」のみを使用し、「けむり」は認められていないのである。『日国』では、歌舞伎の『勧善懲悪覗機関《かんぜんちょうあくのぞきからくり》』（1862年初演）の

「お前《めえ》があんまり根強いから、此方《こっち》が烟《けむ》にまかれらあ」

という用例を引用している。

「けむ」は「けむり」の省略形であるが、『日国』によれば「けむり」は古語では「けぶり」だったものが、平安末頃から「けむり」が見られるようになり、室町末頃に「けむり」の方が優勢になったらしい。

もともとの「けぶり」の省略形「けぶ」もあり、『日国』には「けぶに巻く」も立項されていて、三遊亭円朝《さんゆうていえんちょう》の怪談噺《ばなし》『真景累ケ淵《しんけいかさねがふち》』（1869年頃）の

「人を殺した事を知って居るから何ともいへやァしないから、烟《けぶ》に巻かれてしまはァ」

という例が引用されている。

だが、一般的には「けむに巻く」であろう。

「けむ」は漢字で書くと「煙」なので、「煙に巻く」と書かれたものはどちらで読ませているのかわからないこともあって、新聞では「けむに巻く」のように「けむ」と仮名書きにしている。「けむ出し（内部の煙を排出するために開けた、煙の出口。窓や煙突など）」の「けむ」も同様である。

だがNHKは、『NHKことばのハンドブック』の「煙（に巻く）」の欄で「○ケムリ　○ケム　×ケブリ」としており、「けむりに巻く」を許容しているようである。

ただし、『NHK間違いやすい日本語ハンドブック』では、「煙に巻く　ケムニマク×ケムリニ　相手をとまどわせる」と、「けむり」は不可である旨明示しており、実際にNHKがどのような扱いをしているのかよくわからない。また、『NHK日本語アクセント新辞典』では「けむ」の項目に「～にまく」とあるが、「けむり」にはその記述はないので、「けむにまく」だけを認めているようである。

なお、火事などで煙に取り囲まれることを「煙に巻かれる」と言うが、この場合は「けむり」であろうし、新聞も「煙に巻かれる」と漢字で表記している。

【結論】大げさに言いたてたり、一方的に言いたてたりして、相手を茫然とさせる意味で使われる「煙に巻く」は、「けむにまく」と言うべきである。

144 有り金をはたく 有り金をたたく

有り金を「叩く」を「たたく」と読ませる辞書も出てきている

「へそくりをはたいて腕時計を買う」などと言うとき、これを「はたいて（はたく）」ではなく、「たたいて（たたく）」と言っている人がいる。財産や持ち金を全部使い尽くすという意味の場合は「はたく」が使われ、「たたく」が使われることは本来はなかったのであるが。

そもそも「はたく」と「たたく」とでは、手や手で持ったもので何かを打つという意味では共通しているが、ニュアンスがかなり異なる。

「はたく」は、うち払う、払いのけるということで、ごみやほこりをたたいて落とすという意味である。これから派生した「財布をはたく」などという言い方は、まさに中身をすべてたたいて落とすということを表しているものと思われる。

一方「たたく」は、何度も繰り返して打つ、続けて打つという意味が原義で、「はたく」にはある、払いのけるという意味はもともとは持たなかった。

ところが、「はたく」も「たたく」も漢字で書くと「叩く」となり、「有《あ》り金《がね》を叩く」と漢字で書くと、どちらかわからなくなってしまう。国研のコーパスを見ても「はたく」「たたく」は区別されずに、「叩く」に集められているのでどちらの例かわからないのだが、そうなったのもそのような理由からであろう。ただ、確実に「有り金をはたく」の例は4例あるのに対して、「有り金をたたく」は1例もないので、「有り金をはたく」の方が優勢のようではあるが。また、「財布」の方も「財布をはたく」は4例で、「財布をたたく」はやはり例がない。

ところが、国会会議録では、「有り金をたたく」の使用例はないが、「財布」では「財布をはたく」が30件、「財布をたたく」が4件、「財布を叩く」が1件となっている。もちろんこの「財布をたたく」は持ち金を使い尽くすという意味である。

最近の国語辞典の中には、「たたく」に財布のお金をすっかり使うという意味を載せているものがある（『明鏡国語辞典』『大辞泉』『日国』など）。「有り金をたたく」という言い方はじわじわと広まっていて、もはや誤用とは言えない状況のようである。

【結論】「有り金をはたく」が本来の言い方であるが、これを「有り金をたたく」と言っている人もいて、国語辞典でもこの言い方を認めるものが出てきている。

145 ほぞをかむ へそをかむ

後悔してかむ「臍」は、「ほぞ」か「へそ」か？

「ほぞ」も「へそ」も、腹の中央にあるへその緒（胎児と胎盤とをつなぐ細長い帯状の器官）のとれた跡のことである。どちらも平安時代からの用例がある古い語だが語源はよくわからない。漢字ではともに「臍」と書く。

体の同じ部分を指す語ではあるが、これらの語を用いた慣用表現ははっきりと分かれていて、交代して使われることはほとんどない。

「ほぞ」は「ほぞをかむ（後悔する）」「ほぞを固める（覚悟を決める）」「ほぞを決める（決心する）」などである。

「へそ」は「へそを曲げる（機嫌をそこねて意固地になったり、気に入らないことがあってわざと意地悪をしたりする）」「へそをよじる（たいへん面白がる）」などである。「へそ」には他に「へそで茶を沸かす（おかしくてたまらないことの形容）」という慣用句もある。

話が脱線するが、この「へそで茶を沸かす」という言い方は、バリエーションが多い。「へそがくねる／へそが西国《さいこく》する／へそが入唐渡天《にっとうとてん》する／へそが宿替《やどが》えする／へそが縒《よ》れる／へそが笑う／へそを動かす／へそを宿替《やどが》えさせる」などがあるのだが、すべて同じ意味である。「へそ」が実にいろいろなことをして見せてくれるのだが、「西国する」は、西の方に行くということである。江戸から西であるから上方《かみがた》かと思きや、日本から見た西で、中国に行ったり（入唐）、天竺《てんじく》すなわちインドまで渡ったり（渡天）してしまうのである。だから、「へそ」は宿替え、すなわち引っ越しまでするということである。こうなることばで遊んでいるとしか思えない。

余談はさておき、「ほぞをかむ」の場合も、「へそをかむ」とは言わないのである。「かむ」は漢字では「嚙む」とも「噬む」とも書く。これは中国の『春秋左伝《しゅんじゅうさでん》』が出典だからで、『春秋左伝』は春秋時代の歴史書『春秋』の注釈書である。自分のへそをかもうとしても及ばないところから、後悔するという意味になったのである。

国研のコーパスでは「ほぞ（ホゾ）」と仮名書きのものはもちろん「ほぞ」で扱っているのだが、「臍」と漢字で書かれたものは、冒頭で述べたように「ほぞ」とも「へそ」とも読めるのになぜか「へそ」でまとめられている。そのため、「臍をかむ」はすべて「へそをかむ」になってしまった。国会会議録ではすべて昭和のものであるが「へそをかむ」は4件ある。

本来の言い方は「ほぞをかむ」なので、「へそをかむ」とは言わないようにしたい。

【結論】「ほぞ」も「へそ」も漢字で書くと「臍」で体の同じ部分のことであるが、本来の言い方は「ほぞをかむ」である。

146 肩をいからせる　肩をおこらせる

威勢を示すときの「肩を怒らせる」は、いかっているのか？おこっているのか？

肩を高く張って、威勢を示したり、威圧するような態度を示したりすることを「肩《かた》をいからせる」と言う。だが、「いからせる」は漢字で書くと「怒らせる」で、これは「おこらせる」とも読むため、「肩をおこらせる」と言ってしまう人もいるかもしれない。だが、本来の言い方は「肩をいからせる」である。「肩をいからせて歩く」などと使う。

「いからせる」は自動詞「いかる（未然形）」＋「せる（使役の助動詞）」で、「おこらせる」は自動詞「おこる（未然形）」＋「せる（使役の助動詞）」であるので、両語は語構成は同じであるうえに、「いかる」と「おこる」はほぼ同義の類義語である。そのために混同して使われる可能性が高くなるのであろうが、「いかる」には「おこる」にはない、形状が角立つ、ごつごつするという意味がある。「肩をいからせる」はまさにその意味なのである。高く角ばっている肩を「いかり肩」というのもこの意味である。決して腹を立てているわけではない。

国研のコーパスでも国会会議録でも、「肩をおこらせる」だと確実に言える使用例は見つからないが、漢字で書かれるとつい間違えて「おこらせる」と言ってしまう可能性もあるので気をつけたい。

【結論】「肩をいからせる」が本来の言い方で、漢字で「怒らせる」と書くとつい「肩をおこらせる」と言ってしまいそうになるかもしれないが、正しい言い方ではないので気をつけたい。

147 烏有にきす 烏有にかえす

火災などですべてを失うことを意味する「烏有に帰す」は、どう読むか?

火災などですっかり失うことを「烏《う》有《ゆう》に帰《き》す」と言う。「戦災でそれまで書きためていた原稿が烏有に帰した」などと使う。ところがこれを「烏有にかえす」と言う人がいる。「烏有」は、「烏《いずくんぞ》有らんや」ということである。「いずくんぞ」は、漢文の訓読で使われる用語で、どうして（…であろうか、そうではない）という意味である。したがって「烏《いずくんぞ》有らんや」は、まったくないという意味になる。「帰す」は「きす」と読んで、最後にはそのようになるという意味だが、「帰す」は「かえす」とも読める。そのため「きす」と「かえす」は漢字で表記すると、見た目は同じになる。

たとえば「旧宅が烏有に帰してしまった（連用形）」「すべてが烏有に帰す（終止形）」などがそうである。これは「き（し・す）」と読むべきだが、「かえ（し・す）」とも読める。そういったことから、「烏有にかえす」は主に口頭語で見られるのかもしれない。国研のコーパスにその例が出てこないのはそういった理由であろう。

だが、「うゆうにかえす」と読むのは正しいものではないので気をつけたい。

【結論】「烏有に帰す」の「帰す」は「きす」とも「かえす」とも読めるが、正しい読みは「うゆうにきす」である。

column

5

「入る」の読み方は、「いる」か?「はいる」か?

「入る」は、「いる」とも「はいる」とも読むことができ、とても紛らわしい。

たとえば「悦《えつ》に入る」「鬼籍《きせき》に入る」「笑壺《えつぼ》に入る」「神《しん》に入る」「堂《どう》に入る」「有卦《うけ》に入る」などは、「入る」が漢字で書かれているとどちらで読んだらいいのか迷いそうである。

結論から言えば、これらはすべて「いる」と読まれているのであるが、なぜそうなるのか触れておきたい。

「いる」と「はいる」は、ともに、外からある場所や環境などに移るという意味である。ただ、「いる」の使用例の方が古く、『日国』によれば『万葉集』から見られる。それよりも時代はくだるが、やはり『日国』で引用されている平安時代の『枕草子』の例はたいへんわかりやすく、習字の経験のある方なら思わず「あるある!」と言ってしまいそうだ。

*枕草子〔10C終〕二八・にくきもの「すずりに髪のいりてすられたる」

一方、「はいる」は、動詞「はひいる(這入)」から生じたと考えられている。

そして「はいる」の初期の例は、「這う」という意識の強い例が多い。

たとえば、『日国』で引用している、

＊平家物語〔13C前〕五・文覚荒行《もんがくのあらぎょう》「片山のやぶのなかにはいり、あをのけにふし（仰向けに伏せて）」

の例は、別系統の写本では「這入《はい》て」としているものもあり、藪《やぶ》の中に這って はいったという意味にもとれそうである。

つまり「いる」と「はいる」は、現在ではどちらも「入る」と書いたときの読みになっているのだが、もともとは別の意味だったと考えられるのである。

しかも面白いことに、現代語としては「はいる」の方が優勢になっていて、「いる」という読みが残っているのは、主に慣用表現だけなのである。

そのようなわけで、「いる」「はいる」問題はすでに結論が出ているわけであるから、蛇足ではあろうが、冒頭に示した「悦に入る」「鬼籍に入る」「笑壺に入る」「神に入る」「堂に入る」「有卦に入る」について、もう少し個々に触れておきたい。

●悦にいる

「悦にいる」は物事がうまくいって、満足して喜ぶことである。「ひとり悦にいる」などと言う。

『大辞泉』『明鏡国語辞典』などは「悦にはいる」を誤用であると明記している。

また、NHKも『NHKことばのハンドブック』で「◯エツニイル ×エツニハイル」としているので、アナウンサーは「悦にいる」と言っているのであろうし、やはりそれが本来の読みと考えるべきである。

●鬼籍にいる

「鬼籍」とは、死者の名や死亡年月日などを記しておく帳簿のこと、つまり過去帳のことである。この帳簿に記入されることを「鬼籍にいる」と言い、死去するという意味で使われる。

『日国』で引用している『改正増補和英語林集成』(1886年)の例は、

「Kiseki ni iru(キセキ ニ イル)」

とあり、「いる」の確例である。『改正増補和英語林集成』はヘボン式ローマ字つづりで有名なJ=C=ヘボンが編纂した和英・英和辞典の第3版である。

『大辞泉』は「補説」で「この句の場合、『入る』を『はいる』とは読まない」としている。文章に書く場合は「鬼籍に入る」として、もし振り仮名が必要なら「入る」は「いる」とするべきである。

●笑壺にいる

「笑壺」は、語源のよくわからない語である。『日国』は、「そこをつかれると、笑わずにはいられない体の急所の意か」と推測している。「笑壺」は笑い興じることや、満足して笑うことをいうのだが、「笑壺にいる」で、思い通りになって、思わず笑いを浮かべるという意味になる。「笑壺」自体、現代語としてはあまり使われなくなっている語なのだが、「笑壺にいる」の使い方は『日国』の初出例がわかりやすい。

＊平家物語〔13C前〕一・鹿谷《ししがたに》「『平氏たはれ候ぬ』とぞ申されける。法皇ゑつぼにいらせおはして」

法皇というのは後白河法皇のことで、法皇の近臣が平氏打倒を企てたいわゆる「鹿《しし》ケ《が》谷《たに》の謀議《ぼうぎ》」の場面である。「平氏《へいじ》」と「瓶子《へいじ》（現代のとっくりに当たる酒器）」をかけて、謀議の参加者が立ち上がろうとしてたまたま「瓶子」を倒したのを、「平氏がたわむれに倒れた（原文の「たはれ」はたわむれるの意味でこれに「倒れ」をかけたものと思われる）」と言ったので、法皇が満足して笑ったというのである。

『大辞泉』には、「この句の場合、『入る』を『はいる』とは読まない」という補説がある。一般的な語ではなくなっているので現代の使用例は多くはないのだが(国研のコーパスにも例はない)、この句の場合も「入る」は「いる」と読むべきである。

神にいる

「神にいる」は、技術が非常にすぐれていて、人間のわざとは思えない境地に達することをいう。「技《わざ》、神にいる」などと使う。

「神」は「しん」とも「かみ」とも読めるが、「神にいる」は慣用として「しん」と読まれてきた。この場合の「神《しん》」とは人知を超えた存在・境地の意味である。

「神」も「入る」も読みの問題で、その読みがはっきりわかる例は見つけられていないのだが、古くから「しんにいる」と読み慣《なら》わしてきた。

堂にいる

「堂にいる」とは、学問・技芸などがよく身について、その深奥に達していること、さらにそれから転じて、すっかり慣れて身につくという意味である。

出典があり、『論語』「先進《せんしん》」の、「由《ゆう》や堂《どう》に升《のぼ》れり、いまだ室《しつ》に入《い》らざるなり」による。「由」は孔子の弟子・子路《しろ》、「堂」は中国の建物で表の客間、「室」はその奥座敷のことである。これから、「堂に升《のぼ》りて室に入《い》らず」とも言う。学問や技芸がかなりの段階に達しているが、まだ深奥には達していないというたとえである。「堂にいる」は途中が省略された形になっている。

古くから「入る」は「いる」と読まれていたため、『大辞泉』や『明鏡国語辞典』のように、「入る」を「はいる」と読むのは誤りだとしている辞典もある。

ただ、実際には「堂にはいる」という例も存在する。

たとえば、『日国』で引用されている芸能家の徳川夢声《とくがわむせい》の『夢声半代記』(1929年)には、

「まったく彼のゲーたるや、堂に入《はい》ったもので、飲み出してから食道を通過させたものは、ゲーの際に全部吐き出しちまふんだから偉い」

というように、現代ユーモア叢書所収の底本には、「入る」に「はい(る)」という振り仮名までついている。この例をもとに、『日国』では「堂にはいる」を認めてしまったのだが、出典のある語で「堂にいる」が本来の言い方であるから、私は補注にすべきだったと思っている。

●有卦にいる

「有卦にいる」とは、よい運命にめぐり合わせる、幸運をつかむという意味であ

る。

「有卦」とは、『日国』によれば、「する事なす事みな吉方へ向かう縁起のよい年まわり。七年間続く。陰陽道で、人の年まわりを、生年と五行、十二運の関係から吉と凶に分け、『胎・養・長・沐・冠・臨・帝』の七つに当たる年を万事によい有卦とし、『衰・病・死・墓・絶』の五つに当たる年を万事にわるい無卦とする」ということである。「有卦にいる」は、そのよい有卦の年回りになるという意味である。古くから「入る」は「いる」と読まれていたため、『大辞泉』のように、「入る」を「はいる」と読むのは誤りだとしている辞典もある。

ただ、実際には「有卦にはいる」としている例がないわけではない。国研のコーパスを見ると、1例「有卦にはいる」の例がある。

「たっぷり松寿軒は、国安とお直から、礼金をせしめただろうし、作りものの死相ばなしが図に当って、商売繁盛の有卦にもはいった」（杉本苑子《すぎもとそのこ》『夜叉神堂《やしゃじんどう》の男』1990年）

というものである。

わざわざ仮名書きにしているところを見ると、意図的に「はいる」とした例なのかもしれない。

なお、『明鏡国語辞典』には、「『受けがよい』などに引かれて『受けに入《い》る』

と書くのは誤り」という注記がある。「受けに入《い》る」は国研のコーパスにもない、あまり見慣れない例ではあるが、こんな例がある。

「受けに入った同社は従来船便で送っていたトランシーバーの九〇パーセントを航空便にまわして」（富田《とみた》倫生《みちお》『パソコン創世記』１９８５年）

やはり「有卦にいる」が本来の言い方である。

●「いる」と読む慣用表現、「はいる」と読む慣用表現

なお、「いる」と読まれることの多い慣用表現は他にも存在するので、その主な語例を列挙しておく。

- ●気に入る
- ●興《きょう》に入る（面白がる。夢中になる）
- ●見参《げんざん》に入る（貴人に対面する）
- ●念が入る（注意が行き届いている）
- ●門に入る（弟子入りする）
- ●病膏肓《やまいこうこう》に入る（病気が重くなる。あることに熱中して、手のつけられないほどになる）

もちろん、「はいる」と読まれることが多い慣用表現がないわけではない。

●穴があったら入りたい
●気合が入る
●木が入る（演劇、相撲などの催し物で、開幕、閉場、口上などの合図に拍子木が打たれる）
●傘下に入る
●視界に入る
●手が入る（逮捕や取り締まりのために警察などが介入する。製作の過程などで、他人が補ったり直したりする）
●手に入る
●熱が入る
●年季が入る（長年修練を積んで確かな腕をしている）
●話に実が入る（話に熱中する）
●罅《ひび》が入る
●身が入る（一生懸命になる）

●水が入る（相撲で、勝負がつかず長時間たったとき、勝負を一時中断して休ませ、再び前と同じ形に組んで取り直しをさせる）
●耳に入る
●目に入る
などがそれである。

おわりに

本や新聞を読んでいたり、人の話を聞いていたりしたときに、何となくしっくりこない言い方だと感じることがある。その理由はさまざまなのだが、あることばを私自身の記憶とは違うことばと結合させて使っている人がいるということも、けっこう大きいのではないかと思うようになった。そうなると、辞書編集者の性癖として、ことばの結びつきが実際にどのように行われているのか、気になって仕方がない。そこでその使用実態を調べることにしたのだが、想像以上にさまざまなバリエーションの実例が存在することがわかった。ただ、これらをそのままの形で紹介したらあまりにもストレートすぎて、批判する目的でそのような使用例を集めたのではないかと誤解されるのではないかという気がしないでもなかった。ここはやはり、こうしたバリエーションを日本語の歴史の中でどのように位置づけるべきなのか考察する必要があるのではないか。そしてそれを行うことが、日本語の歴史を追った辞典（『日国』）の編集に携わった者としての使命かもしれない、などとかなり身の程知らずなことを考えてしまったのである。

無茶を承知で、それぞれの言い方について残された文献をもとに遡《さかのぼ》ってみると、従来誤用だとされていたものでも、必ずしもそうとは言い切れないということがわかってきた。ところが、こうした言い方について解説している最近の書籍を念のために見ると、簡単に誤用と断定しているものがけっこうある。根拠があってそう断定したのならいいのだが、いったい確証があるのだろうかというものがいくつかあった。そのようなこともあって、簡単に誤用と言い切ってしまう風潮に一石を投じることができたらという思いが、本書執筆の動機の一つとなった。辞書編集者がことばの結びつき、つまりコロケーションの問題を考えるとこのようになるという書籍があってもいいのではないかと思ったのである。

私は勤務していた出版社を２０１７年の2月に定年で退職して、編集の現場からは離れているのだが、唯一『日国』の次期改訂（第3版）に向けた編集の仕事だけは、現在もかかわりを持ち続けている。もはや編集の責任者ではないが、本書の内容は、おそらくそれにも反映できるであろうから、けっこう有意義な仕事ができたとひとり悦に入っている。

定年まで、私は37年間（正確には36年と11カ月）辞典の編集に携わってきたのだが、そのほとんどは『日国』の改訂版（第2版）とその周辺の辞典の編集を担当してきた。ところが、定年前の数年間は、会社の方針で主に小学生向けの辞典を担当することになった。専門的な『日国』からいきなり小学生向けの辞典へと担当が変わり、かなり戸惑いもあった。ところが、実際に編集に当たってみると、子ども向けとはいえ、いやむしろ子ども向けのものだからこそ、おろそかにできないことが数多くあることに気づかされた。もちろん、子どもにわかるような解説を心がけるということもそうであるが、多くの子どもがことばに対して抱く疑問に、即座に答えられるような辞典にしなければならないという思いも強かった。ただ、小学生向けの辞典の改訂は2回経験したのだが、やり残したことは今でもたくさんある気がしている。それは『日国』でも同じなのだが、その思いは子ども向け辞典の方が強い。おそらくそれは、子ども向けの辞典は、これから日本語を習得していく人たちにとっての、よりよきパートナーとなるための工夫をさらに凝らす必要があるからだと思う。

本書は小学生向けには書いていないが、コロケーションは文章を書く上で欠かせない技術である。だからこそ、子どもにもその重要性を伝えたいという願望がある。本書の内容を『日国』に反映させるつもりだと書いたが、じつは子ども向けの辞典にこそ、ことばとことばの接続は大切であることを丁寧に記載したいのである。辞典編集の現場から身を引いた者としては、もはや編集者としてそれを実現させることは無理なのかもしれない。だとしたら自分の手で子どもたちに日本語の面白さや、日本語にとって何が大切かを伝えるような内容のものを書いていくしかない。ことばとは、そのことばのことを深く知っていれば寛容になれるのに、よく知らないから人のことば遣いに対して不寛容になってしまうのではないか。そうであるなら、ことばのことをよく知っている人を、少しでも多くつくればよい。それが私の願いである。

本書の執筆に当たっては、フリーの校正者の牧野昭仁さんに多大なご助力をいただいた。牧野さんは、私が『日国』第2版で用例を原典に当たるという作業を担当していたときにお手伝いいただいてからの付き合いである。また編集を担当してくださった草思社の貞島一秀さんにもひとかたならぬお世話になった。心よりお礼を申し上げたい。

本書が、日本語を愛する方の〝論議を呼ぶ〟ものとなれば幸いである。

２０１８年１月

神永　曉

文庫版あとがき

今のような国語辞典が存在しなかった時代に、文章を書いていてことばの使い方に迷ったとき、いったいどのようにしていたのだろうかと思うことがある。

もちろん日本では、平安時代から辞書は存在していた。ただそれらは、日常語や百科語を集めた用語集のような内容で、意味や用法の解説などはほとんど記載されていないものだった。その時代だって実際に書かれた文章は数多くあるわけで、それを書いた人たちはいったい何を頼りにしていたのだろうかと思うのである。おそらく書き継がれてきた文章から学び取って、それをひたすら自分のものにしていったに違いない。辞書は、各自の頭の中で作られていったということなのかもしれない。

それは明治時代になって、現在の形に近い、いわゆる近代的な辞書が生まれるまで同様だったはずである。しかもその明治時代の辞書だって、現在の辞書のように、「『押しも押されぬ』は『押しも押されもしない』の誤用」などといったような、至れり尽くせり（たぶん）のことまでは書いていない。だからということではないのかもしれないが、本書のテーマであるコロケーションに関して、本文中で再三指摘したように、いわゆる誤用といわれるものも含めて、作家がさまざまなバリエーションをかなり自由に使っていた（使えた）気がするのである。

最近の国語辞典の多くは、コロケーションも含めたことばの用法について、かなり踏み込んで解説している。国語辞典がこのような事柄を積極的に載せるようになったのは、私が駆け出しの辞書編集者だった1980年代になってからだと思う。私が初めて企画の段階から担当した『現代国語例解辞典　第一版』（1985年　小学館）も、例外ではなかった。

その当時私は、ことばの用法を懇切丁寧に解説することはとても大切なことだと思っていた。もちろんその考えは今も変わらない。だが、その後長年にわたって辞書編集にかかわっていくうちに、逆にそうすることによって、時としてことば遣いを窮屈なものにしている場合もあるのではないかという疑念もわいてきた。

たとえば、コロケーションではないが、「全然大丈夫」という言い方をする人がいる。そしてこれを、誤用だという人がいる。学校で、「全然」は「全然何々ではない」と否定形で受けなければならないと習ったし、国語辞典にもそのように書かれているからという理由で。

ところが、「全然」は否定の形で受けなければならないという根拠は、歴史的に見ると存在しない。「全然」の本来の意味は、「残るところなくすべて」ということで、江戸時代から使われ始めた語である。実はそのときには、あとに続くのは肯定・否定どちらの表現でも使われていた。明治以降も、たとえば夏目漱石などもあとに肯定表現がくる形で使っている。

それが戦後になって、否定表現と結びつけて使うと考えられるようになっていく。なぜそのようなことになったのか、理由はよくわからないのだが。ただ、国立国語研究所の新野直哉氏のグループが興味深い報告をしている。国立国語研究所の監修で刊行した『言語生活』（筑摩書房）という雑誌の中に、昭和28〜29年（1953〜54年）にかけて、「最近〝全然〟が正しく使われていない」といった趣旨の記事が集中的に見られるのというのである。「本来否定を伴う」という規範意識が、昭和20年代後半に国立国語研究所から広められていったようなのだ。

この、「全然」が正しく使われていないという考えは、その後の国語辞典に多大な影響を及ぼし、今に至るまで、「本来否定を伴う」という記述のある辞書が存在する。これはかなり極端な事例かもしれないが、日本語の専門家であろうと、日本語の実態を読み違えることがあるということだろう。この語の用法はこのようでなければいけないという思い込みは、ことばが本来持っている自由度をそいでしまうこともあるようだ。

このようなことを書くと、お前は自分がかかわってきた辞書というものを否定するのか、という批判を受けるかもしれない。だが辞書の役割には、ことば遣いを制限することではなく、このように使っても決して間違いではないと教えることもあるのではないだろうか。

本書はそのような思いから生まれた、「コロケーション辞典」である。

私は文章を書く際には、国語辞典だけでなく、類語辞典やコロケーション辞典も必要だとかねがね考えていた。ただそう思いつつ、辞書編集者として編集の現場にいた37年間に、類語辞典は編纂することができたのだが（『使い方の分かる　類語例解辞典』1994年　小学館）、「コロケーション辞典」には着手できなかった。そういった意味で、本書は私にとって初めての「コロケーション辞典」なのである。それが、このたび装いを新たに、多くのかたに手にとっていただける文庫版として刊行されることになり、心から感謝している。

本書をお読みになったかたは、従来の国語辞典や用語辞典などの説明にくらべて、かなり許容範囲が広いと感じるかもしれない。だが、それもすべて根拠のあることで、本書では極力それを示すようにしている。

もちろん、ことばはこうでなければいけないと思っている人がいることも理解している。本来このように使うべきだと思われていることば遣いを、決して否定しているわけではない。これから書こうとしている文章が、ことば遣いに厳格な人に対するものだったら、その人に極力合わせられるようなことばのリテラシーを身につけることも必要だと考えている。
ただ、本書によってもっとのびのびと文章を書くようになってほしい。そう心から願っている。

２０２０年11月

神永　曉

参考文献

『日本国語大辞典』(第二版　小学館　ジャパンナレッジ収録)
『デジタル大辞泉』(小学館　ジャパンナレッジ収録)
『広辞苑』(第七版　岩波書店)
『大辞林』(第四版　三省堂)
『大漢和辞典』(大修館書店)
『字通』(平凡社　ジャパンナレッジ収録)
『日本大百科全書(ニッポニカ)』(小学館　ジャパンナレッジ収録)
『国史大辞典』(吉川弘文館　ジャパンナレッジ収録)
『故事俗信ことわざ大辞典』(第二版　小学館　ジャパンナレッジ収録)
『現代国語例解辞典』(第五版　小学館)
『明鏡国語辞典』(第二版　大修館書店)
『日本語新辞典』(小学館)

『三省堂国語辞典』(第三版 第七版 三省堂)
『新明解国語辞典』(第七版 三省堂)
『岩波国語辞典』(第八版 岩波書店)
『新選国語辞典』(第九版 小学館)
『NHK日本語発音アクセント新辞典』(NHK出版)
『新明解日本語アクセント辞典』(第二版 三省堂)
『NHKことばのハンドブック』(第二版 NHK出版)
『最新用字用語ブック』(第七版 時事通信社)
『記者ハンドブック』(第一三版 共同通信社)
『日本語の正しい表記と用語の辞典』(第三版 講談社校閲局編 講談社)
『知っておきたい日本語コロケーション辞典』(金田一秀穂監修 学習研究社)
『研究社日本語コロケーション辞典』(姫野昌子監修 研究社)
『朝日新聞校閲センター長が絶対に見逃さない 間違えやすい日本語』(前田安正著 すばる舎 2014年)

『勘違いことばの辞典』（西谷裕子編　東京堂出版　２００６年）
『勘違い慣用表現の辞典』（西谷裕子編　東京堂出版　２０１６年）
『文化庁国語課の勘違いしやすい日本語』（文化庁国語課著　幻冬舎　２０１５年）
『言葉に関する問答集 総集編』（文化庁著　全国官報販売協同組合　２０１５年）
「新編日本古典文学全集」（小学館　ジャパンナレッジ収録）
「日本古典文学大系」（岩波書店）
「新日本古典文学大系」（岩波書店）
〔本稿は、国立国語研究所とLago言語研究所が開発したNINJAL-LWP for BCCWJを利用しました〕

＊本書は、二〇一八年に当社から刊行された単行本を
加筆修正のうえ文庫化したものです。

【ま】

【な】

【は】

【た】

【か】

索引

※太字は、見出しを立てて解説した項

【あ】

草思社文庫

微妙におかしな日本語

ことばの結びつきの正解・不正解

2020年12月8日　第1刷発行

著　者　神永　曉

発行者　藤田　博

発行所　株式会社 草思社

〒160-0022　東京都新宿区新宿1-10-1

電話　03(4580)7680(編集)

03(4580)7676(営業)

http://www.soshisha.com/

本文組版　鈴木知哉

印刷所　中央精版印刷 株式会社

製本所　中央精版印刷 株式会社

本体表紙デザイン　間村俊一

ISBN978-4-7942-2484-2　Printed in Japan